# 佐伯チズ メソッド　肌の愛し方　育て方

佐伯チズ

# 佐伯チズ メソッド　肌の愛し方　育て方
## ──今までだれも言わなかったスキンケアの新提案50

佐伯チズ

講談社＋α文庫

# はじめに

美容業界での35年間、私は数えきれないほどの女性と出会い、その肌に触れ、お手入れやメイク法についてアドバイスを行ってきました。

私がある程度のポストについてからも全国を飛び回ってお客さまの悩み相談を受けているのを見て、周囲の人は言ったものです、「なぜ佐伯先生が現場に出向かなくちゃいけないの？」と。でも私は一度たりとも、それを苦痛に感じたことはありませんでした。

だって、デスクに向かっていても生《なま》の情報は入ってこないでしょう。直接お客さまと接することによって、みなさんも喜んでくださるし、私自身が得るものも、はかりしれないものがあったからなのです。

そんな経験をもとに、化粧品業界から引退してからも、雑誌のインタビューやテレビ出演において、私なりのスキンケアのノウハウをお話ししてきまし

た。

するとみなさん、「もっと!」「もっと!」と私の話を聞きたがるのです。私の言っていることは何も特別なことではないのに。「ああ、当たり前のことをだれも教えてくれなかったんだなあ」と、そのたびに痛感するのです。

ですから今回、長年かけて編み出したお手入れ法を「50の新提案」という形で多くの女性に知っていただけることに、大きな喜びを感じています。肌のタイプは人それぞれだけど、お手入れの基本は共通している。そして、それは驚くほどシンプルで理にかなっているということが、この本を読んでくだされば わかると思います。

「もう歳だから」とか「まだ若いから」という言葉は、ここではご法度。肌年齢は実年齢とは関係ありません。なぜなら、ふだんの肌に対する意識で5歳や10歳は平気で差がついてしまうから。

美しい肌をつくるには、高級な化粧品をいくつも買ったり、整形やピーリングなど、器械の力を借りたりする必要はないということも覚えてください。ほ

ん の少し、意識が変われば、そして、昨日よりもっときれいになりたいという気持ちが生まれれば、自分のもっている力でどんな人の肌も必ず美しくなるのです。

だれよりも多くの女性の肌に触れてきたこの私が言うのですから、信じてください。

「あなたの肌は絶対にきれいになります」

佐伯チズ

佐伯チズ　メソッド　肌の愛し方　育て方◉目次

## 第1章　あなたの常識は間違っている

## 第2章　化粧品の正しい選び方と使い方

## 第3章　目からウロコの佐伯チズ　メソッド

## 第4章　美肌のための暮らし術

## 第5章　結果がすぐ出るスキンケア法

## 【巻末】佐伯チズ メソッド　肌別お手入れ法と化粧品メニュー

# 佐伯チズ メソッド 肌の愛し方 育て方

――今までだれも言わなかったスキンケアの新提案50

# 第1章　あなたの常識は間違っている

## 新提案❶―オイル・クレンジングを今すぐおやめなさい

「日本中の女性をきれいにする」

これが私の夢であり、ライフワークだと思っています。

2003年6月にクリスチャン・ディオールを定年退職後、エステティック・サロンをオープンしたり、本を出版させていただいたり、テレビに出演させていただいているのも、すべての女性にきれいになっていただきたいという願いからなのです。

ところが、私のこのライフワークの前に立ちはだかる数々の壁があることも、フリーになって痛感《つうかん》しました。そのひとつが、「間違った情報の氾濫《はんらん》」の問題です。

現在、全国の書店でサイン会やセミナーを開催させていただいていますが、そのとき私に会いに来てくださる熱心な読者の方々の中にも、情報に惑《まど》わさ

れ、振り回されて、せっかくの美しい肌を自らの手でボロボロにされている方がどれだけいらっしゃることか。

女性の肌を傷つけている原因のひとつが「オイル・クレンジング」です。オイル・クレンジングはここ数年でたいへんな人気を博《はく》し、いろいろなメーカーから商品が発売されています。

なぜここまで人気があるのか。

それは、「口紅からアイメイクまで一度に落ちる」「これ1本でクレンジングはOK」などという、宣伝文句にあると思います。

ところが、このキャッチコピーどおりにオイルを顔全体に塗ると、肌は当然、ギトギト、ベタベタになります。ですから、ダブル洗顔どころか3度も4度も洗顔料で顔を洗うはめになる。

それだけでも肌を酷使《こくし》しているのに、デリケートな目元までゴシゴシとこするのはシミやくすみの原因になります。

私は一目《ひとめ》、お顔を拝見《はいけん》するだけで、その方がオイル・クレンジングの愛用者かどうかを見分けることができます。頬のあたりが赤くなったり、小さなブツブツが顔全体にできるなど、みなさん、共通したトラブルを抱えていらっしゃいますから。

どうしてもお使いになりたい方は、ぬるま湯とよく混ぜて乳化《にゅうか》させてから、しっかりと泡立てて、やさしく肌を包むように洗われるといいでしょう。

しかし、私は基本的にオイル・クレンジングはおすすめしません。

ひとくちにクレンジングといっても、いろいろな方法があります。

コクのあるクリーム状のクレンジング剤でメイクを浮かび上がらせる方法から、乳液状のものでマッサージしながら汚れを落とす方法、さらには液状のクレンジング剤をコットンに含ませて拭《ふ》き取るタイプのものまでさまざまです。

私自身は長年、クリーム状のものを好んで使っていますが、これは個人の好みの問題ですから、メイクの度合いや感触、香りなどで選べばよいと思いま

す。しかし、できれば30歳を過ぎた方には、保湿力のあるクリーム状のクレンジング剤を使っていただきたいと思っています。

多くの女性がオイル・クレンジングに走るもうひとつの要因は、コンビニエンス・ストアや通信販売などを通じて安く手軽に買えるという、便利さにもあるようです。

でも、「コンビニはおにぎりを買うところで、化粧品を買うところではない」というのが私の考えです。

だってコンビニのカゴに、おにぎりやお菓子と一緒に口紅やクレンジング剤が入っているのはどう考えても不自然ですし、化粧品をそれぐらいにしか思わない人は、その程度の肌にしかならないと思います。

美容のスペシャリストといわれる私の知人は、本当に好きな化粧品は箱も捨てずに取っておくといいます。心から惚《ほ》れ込んで買った化粧品は、実際、大切に使うし、また使うたびに自分がきれいになっていくような気持ちになりま

す。そういう「気持ち」のエッセンスというのは、実はとても大切なのです。

雑誌やテレビで流行《はや》っている化粧品や、友達が使っている化粧品に興味はあって当たり前。いろいろと試《ため》してみるのはよいことだと思います。

でも、それがあなたの肌にいいかどうかはまったくの別問題。

たとえ友達がいいと言っても、あなたの肌と友達の肌ではタイプが違うはず。それよりも、もっと自分自身の肌と向き合ってほしいのです。

たとえばオイル・クレンジングを1本使い切ったら、次はクリーム状のクレンジング剤を試してみる。そして自分自身がモニターになって両者の違いを観察する。そういう「経験」こそが、あなたの10年後、20年後の肌を大きく左右するのです。

「安い」「便利」「流行っている」

これらはとても魅力的《みりょくてき》な言葉です。でも、ラクしてきれいな肌は手に入りません。

とくに、メイクや汚《よご》れを取り、肌をきれいな状態にリセットするクレンジングは、スキンケアのスタート地点。ここを間違ってしまったら、あとのケアでどんなにお金や時間をかけても無意味です。

だからこそ、もう一度、クレンジング剤を見直してみてほしいのです。

## 新提案❷――「きれいになりたい！」と念じなさい

ワイドショーを見ながら片手間にクリームを塗《ぬ》ったり、ただ気持ちいいからと、意味もなく化粧水スプレーを顔に吹きかけたりしていませんか？　そういうお手入れは化粧品に対して失礼だと私は心から思います。

「1万円の化粧品を5000円にするのも、2万円にするのもあなたの使い方次第」と私はよく言います。

その意味は、ただ何となく化粧品を肌にのせるのと、心を込めてつけるのと

では、その効果がまったく違うということです。

こんなことを言うと、「まさか！　どんな気持ちでつけたって同じでしょう」とおっしゃる方もいると思いますが、これは私自身が体験して実証したものなので、間違いありません。

私が39歳のとき、主人がガンで倒れました。

会社を辞めてつきっきりで看病しましたが、1年半に及ぶ闘病生活の末、主人は亡くなりました。看病の疲れと、最愛の人を亡くしたショックで私はふさぎ込み、1年間、ただただ泣き続けました。

すると、友達が見るに見かねてこう言いました。

「いつまで泣いているの？　自分の顔を見てごらんなさい！」

私は夫が病《やまい》に倒れて以来、鏡を見ることすら忘れていたのです。

そして、鏡の中に映った自分の顔を見て、愕然《がくぜん》としました。

目の下はクマで真っ黒、目尻にはドレープのようなシワができ、まるで別人

の顔でした。

それから私は毎日鏡を見ながら、「きれいになって！　神様、お願いします」と、まさにすがる思いでお手入れをしたのです。乾ききった肌にローションパック（177ページ参照）で水分をたっぷりと与え、美容液で栄養分を入れ込み、シワも引っ張って伸ばすように心がけました。

すると、3ヵ月ほど経ったころからでしょうか、しだいに肌が元気を取り戻していったのです。そして、私は1年かけて肌を甦《よみがえ》らせ、堂々とクリスチャン・ディオールの面接に挑戦。45歳でインターナショナル・トレーニング・マネージャーとして、再び美容の世界へ戻ることになりました。

もしあのとき、私がボロボロになった自分の肌を見て、「もうダメ……」、美容業界になんか戻れない……」とか、「どうせもう、きれいになんてなれないんだから、お手入れしなくてもいいわ……」なんて投げやりになっていたらどうでしょう。

おそらく今の私はなかったと思います。

私自身がこうして「肌地獄《はだじごく》」を体験したのちに美容の現場へ復帰し、全国の女性に会っていろいろな話を聞きました。大きなシミで悩んでいる方やアトピーで苦しんでいる方など、肌トラブルを抱《かか》えてどうしたらよいかわからないとおっしゃる方がたくさんいらっしゃいました。

でも私が、「決してあきらめないで！　私が言ったケアをとにかく続けてみて！」とアドバイスすると、みなさん必死でお手入れをされていました。

500円玉大のシミがあった方は、毎日ローションパックと美白パックを続けられ、1年後にはそのシミは5円玉の穴ほどの大きさになったのです。また、皮膚科に通ってもよくならなかったアトピーの方の肌も、半身浴をしたり水をたくさん飲むという体質改善からはじめられ、私のアドバイスに忠実にお手入れを続けて、本当にきれいになられました。

まさに、信じる者は救われる。信じた者が勝ちなのです。

どんなに高価な化粧品を買っても、「この成分できれいになれるのかしら？」

と半信半疑で使っていては、決してきれいにはなれません。それよりも、「絶対きれいになってみせる！」という精神で、ご自分で化粧品を使いこなしてみてください。

## 新提案③─プチ整形で「一生の美」は買えません

就職に有利だとか、人生が変わるだとか、そんな触れ込みでプチ整形が当たり前のように行われる時代になりました。

それには、高価な化粧品が売れるという現象にも通じるものがあって、日本の女性には「高いものは効く」という幻想が、根強くあるのだと思うのです。だから5万円、10万円もする化粧品が売れたり、シミやシワが瞬時に消えるような錯覚《さっかく》を与える高機能化粧品が人気を得たりするのでしょう。

それがエスカレートすると、「もう面倒だから、プチ整形しちゃおう」とい

うことにつながるのではないでしょうか。

私はプチ整形に反対です。

「プチ」がついているから、どことなくソフトな感じがしますが、整形は整形。立派な顔の改造ですよ。

もっとも、女性が「きれい」を極めたいという気持ちはわかりますが、なにもプチ整形なんてしなくても、顔は自分で変えられます。

たとえば、腫《は》れぼったいまぶたは、指先を使って上まぶたの内側から外側に向かって腫れを追い出していき、さらにリンパマッサージで老廃物《ろうはいぶつ》を溜《た》め込まないようにすれば、ある程度は解消できますし、垂れた頰《ほお》も自分の手で毎日リフトアップしたり、頰の筋肉を強化することによって、引き上げることができます。

それにシミやシワだって、ゼロにすることは難しいとしても、限りなく薄くすることはできるのです。

私は毎日のスキンケアでシミやシワを限りなくゼロに近づけた人を何人も見てきましたし、私自身も自分の腫れぼったいまぶたが嫌《いや》で、毎日指でまぶたの脂肪を外に追いやりながら、「二重になりますように！」と唱え続けたのです。そうしたら、だんだんと奥二重のような目になっていったのです。

まさに、執念《しゅうねん》。

「矯正下着《きょうせいしたぎ》」というものがあるくらいだから、脂肪は移動するもの。骨格までは変えられませんが、自分の顔はある程度、思い通りにすることができると私は確信しています。

だから、「高島礼子《たかしまれいこ》みたいに」とか「浜崎《はまさき》あゆみみたいに」なんて、突拍子《とっぴょうし》もない夢を描いて整形になんて走らないで、まずは、なりたい顔をイメージして、毎日のお手入れでそれに近づければいいのです。

何の努力もしないできれいになろうだなんて、そんな甘いことを考えていてはダメ。

若いうちはそれでも何とかなるかもしれないけれど、何のお手入れもしてこ

なかった人は、ある程度の年齢になったとき、お手入れをきちんとしてきた人と肌の違いが歴然と出てしまうものです。

自分がサボってきたツケを、お金の力で何とかしようだなんて思わないでほしいのです。高い化粧品を使わなくても、プチ整形なんてしなくても、手間をかけた分だけ肌はあなたの期待に応えてくれるはずです。

そして私ぐらいの年齢になると、人工的につくられた美しさよりも、その人の生き方や内面こそが顔に表れてくるものです。だから妖精のようなオードリー・ヘプバーンや、凛《りん》とした吉永小百合《よしながさゆり》さんはいくつになっても美しいのだと思います。

目先の「きれい」に翻弄《ほんろう》されるのではなく、一生つきあっていく自分の顔に、もっと自信と責任をもってください。

## 新提案❹―肌タイプはトラブルで見分けるものです

ある化粧品メーカーの方が、雑誌でこんなことを語っていました。

「肌タイプは、その人の生まれた季節や気候、そして思春期までの環境と密接な関係がある」と。

秋田美人というのも、たまたま秋田に美人が多いのではなく、特有の透明感のある肌は日照時間や気候などと関係しているのではないでしょうか。

日本には四季がありますから、多かれ少なかれ肌にもそれが影響していると、私も思っています。

そこで私が編み出したのが「春夏肌《はるなつはだ》」と「秋冬肌《あきふゆはだ》」という区別の仕方。

全国を飛び回って年間2000人以上の女性の肌に触れていたころ、私はあることを発見したのです。

同じ女性でも季節によってトラブルの出方《でかた》が違うのです。

たとえば、ある方の肌は冬は落ち着いているのに、温かい季節になるとトラブルが出やすい。またある方は対照的に、夏は比較的、肌トラブルがないのに、寒くなるとカサつきなどの問題を抱え込んでしまう。

肌タイプの分類法はさまざまですが、このようにトラブルが出やすい季節によって「春夏肌」と「秋冬肌」に分けると、注意すべき時期が特定できるので、それを未然に防ぐことができるというメリットがあります。


まずは、「春夏肌」。

春や夏にトラブルが出やすいタイプで、中でも「オイル系」のトラブルに悩まされやすいのが特徴です。「テカりやすい」「吹き出物が出やすい」「くすむ」「化粧くずれしやすい」などの悩みが大多数です。

一方、秋や冬にトラブルが出やすい「秋冬肌」の人は、「乾燥系」のトラブルを抱えているのが特徴。「ザラつく」「小ジワができやすい」「顔色が悪い」などの悩みを抱えています。

## トラブル別　肌診断

### 春夏肌

□額、小鼻、アゴなどの毛穴が目立つ
□化粧くずれしやすい
□肌がテカりやすい
□ニキビ、吹き出物が出やすい
□肌のキメが粗い
□目元や口のまわりに深いシワがある
□Tゾーンがいつも脂《あぶら》っぽい
□オイリーなのに皮がむける
□不規則なシワがある
□透明感やみずみずしさがない

### 秋冬肌

□皮膚が硬くパサつく
□化粧のノリが悪く浮いて見える
□目元に細かいシワがある
□皮膚が薄い
□頬が赤紫っぽい
□色は白いほうである
□肌に弾力がない
□アゴのあたりがザラつく
□夏の終わりごろから肌が乾燥する
□しっとりとしたやわらかさがない

あなたの肌タイプはどちらですか。前ページの「トラブル別　肌診断」であてはまるところにチェックをしてみてください。チェック項目が多いほうがあなたの肌タイプです。

比較的、簡単に診断できますが、問題はその対処法と対処時期なのです。多くの方は、トラブルが出はじめてから慌《あわ》ててスキンケアに精を出します。でも、はっきり言って、それでは手遅れ。トラブルが出る時期はあらかじめわかっているのですから、「転ばぬ先の杖《つえ》」の精神で、少し前から予防策を立てておくべきなのです。

たとえば「春夏肌」の人は、冬のうちから角質ケアをきちんとして、吹き出物が出ないように肌表面を清潔《せいけつ》に保つとか、Tゾーン以外の部分に水分を与えて全体の水分・油分バランスを整えておくなど、トラブルが発生しやすい季節のひとつ手前のシーズンから準備を始めることが大切です。

また「秋冬肌」の人は、夏のうちからしっかりと保湿ケアを心がけ、乾燥の

季節に備えておくのです。

このように季節単位で自分の肌を管理すると、より効果的なスキンケアができます。

参考までに、お肌のタイプに合わせたシーズン別・時間帯別のお手入れ方法と化粧品のメニューを巻末（214ページ〜）にまとめてみました。基本コンセプトは、「トラブルが発生する手前で食い止めるお手入れ」です。

毎年、季節の変わり目になると、「今シーズンの新色」などといって化粧品カウンターが一気に華《はな》やぎます。

でも、季節によって敏感に反応するべきなのは、化粧品の色よりも、スキンケアの内容なのです。

なぜならボロボロの肌に、どんなにきれいな色のアイシャドウや口紅をつけても、ちっとも映えませんから。

まずは、素肌からきちんと衣替えをしてください。そこではじめて、色で遊

ぶ余裕が生まれるのです。

## 新提案❺—お手入れの基本は「朝の予防」「夜のセラピー」

ヒートアイランド現象などといって、都市部の気温はものすごいスピードで年々上昇しているようです。確かにこのごろは、冬にセーターやウールのコートを着る機会もめっきり減りました。

その一方で、夏でも多くの女性はカーディガンが手放せません。そう、どこに行ってもエアコンがきいていて、身体がキンキンに冷やされてしまうから。外気と室温との差で体調をくずしてしまう人も少なくないようです。

これは、もちろん肌にとってもよいはずがなく、みなさんの肌も温度差についていけずに悲鳴をあげていることと思います。

そこで、肌の自己管理をするうえでのヒントとして、朝と夜の目的別スキン

ケアを提案したいと思います。

まずは「朝の予防」。

朝食を摂りながらでもいいので、今日は一日中エアコンのきいた室内にいるのか、それとも外を歩き回るのか、スポーツをするのか、その日の行動をシミュレーションします。

そして、エアコンで肌が乾燥しそうなら、保湿クリームをたっぷりと塗っていく。外を歩き回るなら、化粧くずれしないようにリキッド・ファンデーションを肌に定着させておくなど、肌を最良の状態に保つために「予防」のケアをします。

そして「夜のセラピー」。

今度は一日を振り返って肌を癒《いや》してあげましょう。

たとえば、「よく汗をかいたなあ」と感じたら毛穴の汚れを取るケアをした

り、シミが気になるならビタミンCパックをして寝てもいいでしょう。

そのときに覚えておくと便利なのが、「温《おん》ケア」と「冷《れい》ケア」です。

冷たい風に当たって肌がカチカチになっていたり、一日中クーラーのきいた部屋にこもっていたときなどは肌がこわばっていますから、ホットタオルを顔にのせたり、マッサージをして温めたりします。

一方、炎天下を歩き続けたり、朝からテニス三昧《ざんまい》という日であれば、あらかじめ冷蔵庫で冷やしておいた濡《ぬ》れタオルを顔に当てたり、ブロックの氷をラップに包んで顔の上で転がしたりします。こうして肌の火照《ほて》りを鎮静《ちんせい》させることが大切です。

温度調節をすることで、肌はバランスがとれた状態に戻っていきます。

もっとも、お風呂にゆったりと浸《つ》かって、心身ともにリラックスするのが理想的ですが、体調が悪くてお風呂に入れない場合でも、タオルを使ったケアなどは簡単にできますから、ぜひやってみてください。

夜のスキンケアで大切なのは、その日のうちにすばやく、適切なお手入れを

することと。「今日もお疲れさま」という気持ちで「セラピー」することによって肌はリセットされ、翌朝、生まれ変わった肌と出会うことができるのです。

## 新提案⑥ 一週に1度、「何もしない日」をつくりなさい

私は、スキンケアは「肌の食事」だと思っています。

だってそうでしょう。

クレンジングで肌を清潔にしたら、まず化粧水という「食前酒」をいただきます。これでお肌の調子を整え、助走をつけたら美容液へ。肌の奥まで潜《もぐ》っていき、肌のうるおいや弾力のもとになり、「真皮《しんぴ》」を生き生きとさせてくれる美容液は「メインディッシュ」です。ここでお腹がいっぱいになったら、最後はクリームか乳液で栄養分を閉じ込める。言ってみれば、2品目の美容液で満腹感を味わうわけです。

さらに、寝るまでの間に時間が空《あ》いたら、「お夜食」として再度、最後につけたものと同じクリームか乳液をつけてもよいでしょう。

そう考えると、私たちの肌は毎日食事をして活動しているわけですから、ときどき息抜きをさせてあげなければなりません。

私はかつて福岡県にある「健康道場」というところに入って断食《だんじき》をしたことがあります。2日目あたりから胃がムカムカしてきて、そのあと、真っ黒な宿便が出ました。聞くと、化学的なものが身体にたくさん溜まっていたからだそうです。

化粧品にもさまざまな成分が入っていますから、毎日のこととなると肌も負担を感じているはず。ときには肌も「断食」をして、リフレッシュさせてあげてください。

そうは言うものの、「平日はスキンケアやメイクを省《はぶ》けない」という方も多いと思いますので、何の予定も入っていない週末にでもやってみてください。

方法は簡単です。

朝起きて洗顔をしたら、そのまま何もつけずに1日を過ごすのです。そうすると、肌がリセットされて本来の力を取り戻すだけでなく、ふだんスキンケアやメイクをしているときにはなかなか気づかない、自分の肌質もわかります。

洗顔をして2時間後。

うっすらと皮脂が出てきてTゾーンが少し脂っぽくなるのは、ごくふつうの状態です。ギトギトしてくるようなら、少し皮脂分泌が多い。

反対に、何時間たっても汗も脂も出てこない人は、肌が乾燥しているか、栄養不足でスカスカの肌です。

こうして、できれば週に1度、無理ならば2週間に1度でも構いません。自分の「素《す》」の肌を観察してみてください。

さらにこの肌の断食がいいところは、一時的に肌を「空腹」にすることによって、翌日から生まれ変わったように皮膚が化粧水や美容液をぐんぐん吸収し

てくれること。

自分ばかり美味《おい》しいものを食べて、休日にゴロゴロしていてはダメ。ふだんからしっかりとお肌にも栄養を与え、休日はあなたと一緒に休養させてあげてください。

## 新提案❼ ティッシュでなくコットンを使いなさい

たとえば、バーゲンセールのシーズン、流れる汗をティッシュで拭きながら、デパートをハシゴした……。

お腹を空かせて帰宅した夜、すぐに食事をしたいので、とりあえず口紅をティッシュ・オフしてダイニングに行った……。

これらはわりと日常的に行われている光景だと思うのです。しかし私に言わせれば、どちらもお肌のためにはやめていただきたい。美容という観点からみ

れば、してはならないことです。

では何がいけないのでしょうか。

肌にとって「こする」ということはもっともよくない刺激なのです。こするという行為はシワやくすみの原因になります。ましてや、ティッシュのように乾いたものは摩擦《まさつ》が大きいですから、知らず知らずのうちに肌を酷使《こくし》しているのです。

かと言って、とくにメイクをしている場合は、汗が出たからといって、そのたびにわざわざ顔を洗うわけにもいきませんね。

そんなときに私がおすすめしたいのが「ウェット・コットン」。

つまり、水で濡《ぬ》らして軽く絞《しぼ》ったコットンです。これをジッパー付きの小さなビニール袋に入れて2～3枚もち歩くだけで、本当に重宝《ちょうほう》します。

まず、汗をかいたとき。

ティッシュやハンカチでこすると、肌を刺激してシワの原因になる。さらに

は汗の塩分が肌に残るので、炎症を起こしてヒリヒリしやすくなるのです。

でも、ウェット・コットンで軽く押さえるように汗を拭《ふ》き取れば、肌への負担はほとんどありませんし、シワも予防できる。そして何といっても、肌に塩分が残らないのが最大の利点です。

また、口紅はどんなに忙しくてもやはり、ポイント・メイク・リムーバーできちんと落としていただきたいものです。

さらに口紅を買うときに、テスターをひとつつけたらティッシュで拭き取って、また次、という具合に試している方がいますが、あれは摩擦で唇そのものの色が変わってしまうので、あまり意味がありませんのでご注意を。


さて、私は「肌の塩害《えんがい》」ということを以前、著書に書いたのですが、涙や汗の塩分というのは肌にとってまさに「災難」なのです。

かつて、あるお客さまが「肌がヒリヒリして、どんな化粧品も合わない」とおっしゃるので、よく観察していましたら、テニスをされた日の翌日に限って

肌の不調を訴えるのです。

犯人は「汗」でした。

子どものころに、汗をかくと汗疹《あせも》やただれができませんでしたか？　大人になってからも「塩害」には注意しなければなりません。

涙も塩分が含まれていますから、できればウェット・コットンや湿《しめ》らせた綿棒などで拭《ぬぐ》ってください。

これらを常備しておけば汗や涙、そして皮脂もまったく怖くなくなります。

## 新提案⑧―季節ごとにスキンケアは変えるべきです

ふだん「肌がカサカサで……」と言っている人でも、やはり、暑い夏は「サッパリ」系のケアに走りがちです。

ましてや皮脂の多い人は、汗をかく季節になるとベタベタ、ギトギトするの

を嫌《きら》って、一日に何度も洗顔をするのです。

でも、ちょっと待ってください。

洗顔することで取れるのは皮脂だけではありません。実は同時に水分も奪っているのです。だから、夏に「取る」ことばかりに気を取られていると、知らず知らずのうちに「水分不足」の肌に陥《おちい》ってしまうのです。


夏の水分不足の恐ろしいところは、日焼けとも関係してくること。

たとえば、ここに生魚《なまざかな》と干物《ひもの》があったとします。

両方を同時に焼いたら、どちらが先に焼けますか。答えは簡単ですね、干物はすぐに焼けます。

これを肌に置き換えてみると、水分の足りない肌は「干物肌」。つまり太陽の下ですぐに日焼けをしてしまうのです。これが、シミやシワの原因になる。

でも仮に、肌がたっぷりと水分を含んでいたら、その被害は少なくてすみます。だから、夏こそ保湿をしっかりとして、焼けにくい「生魚肌」を目指して

ください。

さて、冬になると今度は「取る」ことが少なくなり、代わりに肌の乾燥を防ぐために「つける」機会が増えます。

実はここにも大きな落とし穴が……。

冬は肌が「厚着」をする季節。寒さから肌をガードしようとして表面の角質が分厚くなります。ですからこの季節、「取る」ことをせずに「つける」ことに専念してしまうと、角質が厚く硬くなって、やっかいなことになるのです。

まず表皮《ひょうひ》が厚く硬くなるということは、肌にしなやかさや透明感がなくなることですから、くすんで見えたり、シワの原因になったりします。

さらに、化粧品をつけても肌の奥まで浸透しない。つまり、真皮にまで水分や栄養分が届かないから、肌はスカスカになってしまうのです。

本来なら、肌が乾燥しがちな冬には、たっぷりと水分と栄養分を与えなければならないのに、表皮でブロックされてしまって、それらが十分に肌の内部に

浸透していかないのです。

だから、冬こそマスクやスクラブで角質ケアをして、意識的にしなやかな肌をつくっておきましょう。

スキンケアは決して一通りではありません。季節や環境、さらにはその日の行動によって臨機応変《りんきおうへん》に変化させていくものなのです。

## 新提案⑨ 眉毛《まゆげ》抜きと顔そりはくすみ・たるみの原因

「ついに、眉毛が生《は》えてこなくなっちゃったんです！」

久しぶりに会った30代半《なか》ばの知人は、手で眉毛を隠しながらこう言いました。

彼女、20代のころからメイクをするたびに、邪魔な位置に生えてくる自分の眉毛を、毛抜きで1本1本抜いていたそうです。

それを10年以上続けていたら、とうとう生えてこなくなったとか。

メイクをしているときはいいのですが、スッピンで眉毛がないというのは、本当に貧相《ひんそう》に見えてしまうもの。

私は日ごろから「眉毛は顔の額縁《がくぶち》です」と言っていますが、それぐらい眉毛は大切なものです。なのに、スッピンでは外も歩けないなんて、なんだか気の毒な気分になりました。

確かにアイブロウのラインからはみ出た眉毛というのは「邪魔モノ」です。でも、それを毛抜きで抜いてしまったら、毛穴からばい菌が入る恐れもあるし、皮膚を引っ張るわけですから、たるみの原因にもなります。

将来のことも考えると、なるべくハサミでカットするのが賢明《けんめい》です。

そして顔そり。

これも半ば、当たり前のようにみなさんされているようですが、私はおすすめしません。

そもそもデリケートな顔の皮膚に刃物を当てるのですから、リスクを伴《ともな》うの

は当然。

男性が毎日ヒゲをそっても平気なのは、一般的に男性の皮膚は女性よりも分厚く丈夫だからであって、繊細《せんさい》な女性の肌にカミソリを当てれば、ガードをなくした肌は悲鳴をあげて脂を出したり、自らを守るために皮膚を硬くします。

もっとも、日本人の黒い毛はとくに目立つという事情もありますから、どうしても気になる部分だけを、月に一回程度、そるにとどめておくのがいいかと思います。

それも、T字形のシェーバーを毛の方向に沿って1回、サラリとなでる程度のやさしさで。決して逆《さか》なでなどしないように！

日本の女性に比べ、欧米の女性は「ムダ毛」というものに大らかなようです。私がフランスの化粧品メーカーで働いていたころも、現地のスタッフは日本人がカミソリで顔の産毛《うぶげ》をそるという習慣を知って、「なぜそんな危険なことをするの？」と驚いていました。

「清潔」や「整然」を重んじる私たち日本人は、確かに世界に誇るすばらしい文化をもっていると思います。

でも、これも今の潮流《ちょうりゅう》なのでしょうか、「消臭」「除菌」と、何でも目につくものをシャットアウトしてしまうのには首をかしげてしまいます。

私は眉毛や顔の産毛には、さほど神経質にならなくてもいいと思います。気になったときだけお手入れする。

それくらいの気持ちでいたほうが、スキンケアもメイクも、よりリラックスして楽しめるのではないでしょうか。

## 新提案⑩――化粧水スプレーは「砂漠肌」を招《まね》きます

ゴールデンウィークやお正月に国際線の飛行機に乗ると、必ずといっていいほど見かける光景があります。何人かの女性が、バッグからおもむろに化粧水

スプレーを取り出して、顔にシュッシュッと吹きかけている……。

おそらく機内での乾燥を防ぐための、彼女たちなりの自衛策《じえいさく》なのだと思いますが、これはまったく肌の保湿にはなっていません。それどころか、かえって肌の水分を奪う行為といってもいい。

だって、障子紙《しょうじがみ》にスプレーで水を吹きかけると、すぐに乾いてパリパリになるでしょう。あれと同じで、化粧水スプレーは肌の乾燥を加速させてしまうのです。

そもそも日本人は昔から水と結びつきが強く、それゆえに、化粧品においてもとりわけ化粧水が大好きなのです。

でも問題はその使い方。

例の機内の女性たちのようにスプレーで吹きかけて使うなんて論外。また、化粧水を手にとってパンパンと顔にたたきつけるのも、完全に肌に浸透しないばかりか、肌を刺激するのでおすすめしません。

「たたく」「こする」という行為は、肌に負担をかけるばかりか、シワをつくったり、ときには肌を傷つけることもあります。

最近は目元を強調した「目ヂカラ・メイク」の流行で、メイクを落とすときに目をこすり過ぎて眼球や皮膚を傷つける女性が増えていると聞きます。

肌は私たちが思っている以上にデリケートなもの。目のまわりの皮膚は厚さ0・2ミリメートルともいわれています。

では、どうやって化粧水をつけたらいいのか。

私が化粧水をつけるときは、もっぱらローションパック（177ページ参照）です。しかもコットンに500円玉大を目安にたっぷりつけますから、化粧水は月1本のペースでなくなります。

みなさん、だいたい化粧水を使う量が少な過ぎるように思います。肌にきちんと浸透させるためには、ケチらずにたっぷりと。必要以上に量を使うことはありませんが、「適量」というのは守るべきです。

化粧品の使用量について申し上げるなら、美容液でも「2プッシュ」と書いてあればそれに従って、きちんと2回、最後まで押してください。ケチって化粧品の効果を十分に得られないのは、かえって損をしていることになります。

ちなみに、先ほどの乾燥した機内での保湿対策をひとつ、お教えします。保湿用の美容液を塗るのが最適です。メイクの上からポンポンとつけても大丈夫。スプレー式の化粧水のように肌の水分を奪うことなく、しっとりと肌をうるおわせてくれるでしょう。

## スキンケア一問一答

**Q　毛穴の黒ずみが気になります。市販されているシートパックで脂《あぶら》を吸い取るとスッキリしますが、毛穴が開きっぱなしになるような気がします。**

A　無理やりはがすと、毛穴が閉じなくなります。それよりも、ウォータースプレー（182ページ参照）で内側から肌をふっくらとさせて、汚れを押し上げ角質ケアをしたほうが、肌にはやさしく毛穴も目立ちません。

**Q　Tゾーンの脂浮きをティッシュや「あぶらとり紙」などで拭《ふ》いていますが、肌にあまりよくないのではないかと心配です。**

A　この方法だと水分まで奪ってしまうので、肌にツヤやハリがなくなってしまいます。私がおすすめするのはウェット・コットン。水で濡らして絞ったコットンで顔を拭けば、水と脂のバランスがとれて肌がしっとりします。

**Q　レーザーによるシミ取りやコラーゲン注射で肌にハリを与えたりする手っ取り早い美容法は、将来的に肌に悪影響があるのでしょうか？**

**A**　一〇〇パーセント成功の保証はなく、永遠に続けなければならないというリスクを負うことも忘れずに。私はもっとも安全なご自分の手でケアすれば、シミもたるみも器械に頼らずに解消できると思います。

**Q　子どものころは「可愛い！」と思っていたソバカスですが、年齢とともにシミに変わっていくのでしょうか？**

**A**　ソバカスがシミに変わることはありませんが、ソバカスのある人は色素沈《しきそちん》着《ちゃく》しやすい肌質なのでシミもできやすいといえます。香料やアルコール入りの化粧品を避けることや、カルシウムを多く摂取するなどの対策を。

# 第2章　化粧品の正しい選び方と使い方

## 新提案⑪――化粧品を買うなら午前11時から午後4時の間に

私の経験から言いますと、デパートの化粧品カウンターでは、お客さまにとって穴場の時間帯とそうでない時間帯というのがあるのです。

たとえば、平日の夕方6時以降や週末は、黙っていても会社帰りのOLさんや週末デートのカップルなどで賑《にぎ》わいます。ですから、この時間帯はスタッフ全員が接客に追われて、残念ながらひとりひとりのお客さまの相談にじっくりと耳を傾《かたむ》けることができません。

お客さま自身も、後ろで人が待っていたり周りがザワザワしていると、落ち着かないものです。

こんなとき、「平日の穴場時間に来てくだされば、もっときちんとカウンセリングしてさしあげられるのに……」と、いつも悔《くや》しい思いをしていたのを覚えています。

とはいえ、学校やお勤めなどで、平日は来られないという方も多いとは思いますが、とくに肌の悩みがある場合は、なるべく混雑する時間帯を避けたほうがよいと思います。

平日の午前11時から午後4時ごろというのは、比較的じっくりとスキンケアの悩みにお応えしたり、化粧品の使い方の説明をすることができました。お客さまのほうも、ゆったりとした雰囲気の中で、落ち着いて化粧品を選ぶことができます。

ただし、あまりにも閑散《かんさん》としているカウンターも要注意。

その日の売り上げ目標を達成するために、販売員はお客さま一人あたりの単価を上げなければいけないので、いろいろな商品をすすめられる可能性が高いからです。

今、化粧品カウンターの多くは製品がカテゴリーごとにわかりやすく並べら

れ、自由に試《ため》すことができる魅力的《みりょくてき》な場所です。手にとって感触や香りを確認したりできるので、どんどん足を運んで研究すべきだと思います。

そして、スキンケアやメイクについて、何でも気軽に相談できる販売員がいると安心です。できれば自分と年齢が近い人か、自分より年上のスタッフに声をかけてみましょう。親身《しんみ》になって悩みに応えてくれるでしょうし、思わぬ情報やアドバイスをくれるかもしれません。

デパートに入れば、真っ先に目に飛び込んでくるのが化粧品カウンターです。ここは情報の宝庫ですから、美容のヒントを得るために気軽に立ち寄ってみましょう。

## 新提案⑫――リキッド・ファンデーションは2色使いで

私は、コンシーラーやコントロールカラーというものは、まったく不要だと

思っています。だから、化粧品メーカーに勤めていたときも、お客さまにすすめたことはありませんでした。

油分がなく、肌への密着が悪いコンシーラーは、欠点を隠すどころか、かえって目立たせてしまうし、ブルーやグリーンなど、私たち日本人の肌から遠い色が主流のコントロールカラーを見ると、「なぜ顔色を美しくするために、そんな色を使わなければならないの？」と、つくづく疑問に思います。

何年か前、まだメーカーに勤めていたころにデパートで行ったセミナーでのこと。50歳過ぎの女性が、何か言いたそうに私のところへ来られました。

彼女の顔を見たとき、私の口から反射的に出たのは「あら、おシワ？」という言葉。ところが、その女性の悩みはシワではなくシミだったのです。このギャップはどこから生まれたのでしょうか。

答えは簡単です。

彼女の頰《ほお》には大きなシミがあり、それをコンシーラーでしっかりと隠してい

たのです。でも、コンシーラーというのはリキッド・ファンデーションの油分を抜き取ったものですから、つけるとその部分だけが乾いてガビガビになってしまう。

その状態で笑ってごらんなさい。たちまちくっきりとシワが寄るはずです。つまり彼女は必死になってコンシーラーでシミを隠そうとしたばかりに、そこに大きなシワをつくることになり、かえってそこに視線を集めてしまっていたのです。

では、肌の欠点にはどう対処すればいいのでしょうか。

それは「ピンク系」と「オークル系」という、たった2色のリキッド・ファンデーションを混ぜ合わせることですべて解決します。

まず、朝起きて自分の顔をチェックしたとき、「寝不足で血色が悪い」と感じた日にはピンク系を多めに、逆に気温が高くて頬が火照《ほて》るようだったら、オークル系を多めにしてリキッド・ファンデーションを混ぜ合わせて使うのがポ

イントです。

目安としては肌に赤みが欲しいなら「ピンク2＋オークル1」、赤みを抑《おさ》えたいなら「ピンク1＋オークル2」の割合です。

こうすれば、わざわざコンシーラーやコントロールカラーを使わなくても、顔色を自分で調節することができるのです。そして、自然な肌色になるとその美しさに目が行って、欠点が目立たなくなります。

さらに、シミやニキビ跡をどうしても隠したいというのであれば、茶色に近い濃いめのオークル系リキッド・ファンデーションを使います。

コンシーラーというのは肌色よりもずっと明るく、白に近いものが主流ですが、白というのは前面に浮き出てくる色。

それに対して濃い色というのは、奥に収まってくれる色です。しかも、シミやニキビ跡というのは色があるものですから、それよりも濃い色をつけないと余計に際立ってしまいます。

もっとも、多くの女性は「ニキビ跡を隠すならコンシーラー」「くすんだ顔にはコントロールカラー」と思い込んでいるので、つい手を伸ばしてしまうのも仕方がありませんが、私はピンク系とオークル系のリキッド・ファンデーションを混ぜて使うだけという、実にシンプルなやり方で、常に最高の肌づくりをしています。

## 新提案⓭ ブランド信仰はおやめなさい

老いも若きも、とにかくブランド好きなのが日本人。化粧品の世界でも「ブランド力」というのは絶大で、その名前だけで買ってしまう方もいまだに多いようです。

もちろん、「気分」も「きれい」をつくる大切な要素ですから、ブランド・イメージやパッケージのデザインにひかれるというのも結構です。

でも最近では、フランスのブランドの化粧品が神奈川県でつくられていたり、アメリカン・ブランドのものが大阪府でつくられていたりと、かなりの製品が実は日本製なのです。

パッケージには英語やフランス語がバーッと書かれていて、あたかも「メイド・イン・フランスです」なんて顔して化粧品カウンターに鎮座《ちんざ》していますが、箱をよく見ると、小さな文字で、「メイド・イン・ジャパン」と書かれていることも……。

あるいは、純国産のブランドなのに、あたかも外国製品のように見せるため、横文字の長い会社名をつけているところもあります。

実際に使ってみて化粧品自体が気に入ればいいのですが、問題は、「大好きなフランスのブランド」という「気分」に対して高いお金を出した場合。

ふと箱を見たら、「実は日本でつくられていた！」なんて、ふつうなら落胆《らくたん》しますよね。しかも、実際は国産品なわけですから、輸送料が輸入品よりもか

かっていないはずなのに、値段は外国製品とほとんどかわらない。

私も今ではいろいろなブランドの化粧品を使っていて、「どうしても、ここのメーカーじゃなきゃイヤ」ということはありません。ただし、「どうしてもここ！」とこだわっているのは口紅と香水です。

それにスキンケアにおいては、私は基本的に同じブランドをフル・ラインで揃える必要はないと思っています。

今はトライアル・セットがお得な値段で各ブランドから出ています。ひとつのブランドに固執《こしつ》するのではなく、どうぞ自分の肌が本当に求めている化粧品、肌が満足するブランドを探し出してください。

## 新提案⑭――試供品ではきれいになれません

私はメーカーに勤務していたころ、毎日いろいろな女性を見てきましたか

ら、やみくもに試供品を集めて回る、いわゆる「サンプル・マニア」と呼ばれる方々も、一目《ひとめ》で見抜くことができました。

なぜならば、真剣に化粧品を探している人は、「先日パンフレットをいただいたのですが、このクリームはどうなんですか？」という具合に、欲しいものが明確なのに対して、単なる試供品狙《ねら》いの方は、「サンプルください！」の一言だけ。

しかも、化粧品代を浮かそうとする下心がミエミエで、およそ「きれい」とはかけ離れた表情をしています。

スタッフの立場からすれば、悩みを聞いて「じゃ、これを使ってみてください」と言ってサンプルの商品を渡せるのであって、ただ「ください！」では、何を差し上げればいいのかもわかりません。

それに、試供品というのは肌につけたときの感触や香りを確認したり、トラブルが起きないかテストをするためのもの。2〜3日分しか通常は入っていま

せんから、それを使っただけで「きれい」を手に入れることは、はっきり言って不可能です。

化粧品に十分なお金を使えない人というのは確かにいます。でも、化粧品というのは、自分のお金で買ったものだからこそ大切に使いたいと思いますし、これを使ってきれいになりたい、と願うのではないでしょうか。

人間、タダでいくらでももらえるものには、なかなか愛情を注ぐことはできません。それどころか、二度とお金を出して買うことなんてできなくなってしまうのではないかとさえ思います。

しかも、いろいろな化粧品をやみくもに使っているのでは、どれが本当に自分の肌に合うのかもわかりませんね。

私はいつもこう言っているのです。

「タダのものを使って、ラクしてきれいになりたいなんて、美容はそんなに甘いものではありませんよ」って。

私の知人は、よく自分で石鹸や化粧水をつくっていました。お金もかからないし、つくること自体が楽しいと言います。だれだってその気になれば、いくらでも工夫はできると思うのです。

サンプル・マニアは、言ってみれば「デパ地下荒らし」の試食マニアと一緒です。

考えてみてください。

そんなデパ地下荒らしに、幸せそうな美しいご婦人がいますか？

## 新提案⑮——ブルーのアイシャドウをお捨てなさい

全国各地でのセミナーや私のサロンでのメイク・アドバイスで話題になる「色」のお話。

多くの方が、何色が自分をもっとも美しく見せてくれるのか、迷っていらっ

しゃいます。

シーズンごとに新しい色が次々と発売され、つい、目に鮮やかに映るブルーやグリーンに手が伸びてしまうと、みなさんおっしゃいます。しかし、私はこういった色はおすすめしたくないのです。

なぜ私がブルーやグリーンの化粧品をおすすめしないかというと、日本人にとって、とても合わせにくい難しい色だからなのです。

そもそもブルーというのは私たちの身体の中にはない色素で、肌の色とかけ離れている色。さらに、ブルーはつけた瞬間はきれいに発色しても、時間が経つにつれて体温が加わってくすんでしまい、シルバーに近いトーンに変色してしまうのです。

また、完全にクレンジングをしないと色素沈着《しきそちんちゃく》を起こし、肌のくすみの原因になりやすいのです。

だから、「知性と清潔感」がモノをいう30歳を過ぎた女性にはリスクが大き

過ぎて、私はあまりおすすめしたくない色なのです。

フジテレビ系列の「F2-X（エフツー・エックス）」という番組に出演させていただいた際、私も大ファンの「なっちゃん」こと、小島奈津子さんとお目にかかることができました。スキンケアやメイクに興味のある小島さんと、やはり化粧品の色についてのお話になりました。

そのとき、私は小島さんにこんなことを申し上げました。

「テラコッタ・カラーってご存知ですか？　そう、レンガのような色です。今度それを使ってみたらいかがですか？」

肌色に近い色のアイシャドウやチーク、口紅をつけると肌がきれいに見えますし、服とのコーディネートで失敗することもありません。

大人の女性はいかにナチュラルに自分を演出するかという部分にこだわるべきであり、化粧品の「パッと見の色」で勝負するべきではないと思います。

一方、20代前半の若いころは、それこそどんな色を使っても、「若気《わかげ》の至《いた》り」

で許されるものです。

とくにその年代の女性は、いろいろな化粧品に興味をもっていますから、何でもとりあえずチャレンジしてみればいいと思います。何度も失敗をして、しだいに自分に合うメイクがわかっていくのですから。

ブルーも使うなら20代のうち。だって、30歳を過ぎたら確実に縁がなくなる色なのですから。


さて、小島奈津子さんとお会いした数日後。

何気なくテレビのスイッチを入れると、そこには、しっかりとテラコッタ・カラーのアイシャドウをつけた小島奈津子さんが映っていました。

素直に私のおすすめする色を取り入れ、以前よりもさらに女性らしく、そして一段と知的になった「なっちゃん」に、私は惚《ほ》れ直したのでした。

## 新提案⑯　美容液ほど有能な化粧品はありません

化粧品の世界は日々進化しています。でも、私が長年化粧品メーカーにいて、これ以上の衝撃はないというほど感激したのは「美容液」の登場でした。今では当たり前のようにカウンターに並んでいる美容液ですが、それが誕生したのはわずか20年ほど前のことなのです。

美容液のすごさを一言で表現すると、それは「潜《もぐ》る力」です。

それまでの化粧品が、シュノーケルをつけて海面で遊んでいる程度だとしたら、美容液はダイバーが太陽の光が届かない海底まで、一気に潜っていくようなもの。

それくらいの差があるのです。

少し専門的な話になりますが、肌がたるんだりシワになったりするのは、

老化するからなのです。

「表皮《ひょうひ》」という肌表面の膜だけが原因なのではなく、その奥にある「真皮《しんぴ》」が老化するからなのです。

真皮層にはコラーゲンやエラスチンという繊維《せんい》が無数に張り巡らされていて、その繊維ひとつひとつが元気であれば、肌は綿菓子のようにふっくらと膨《ふく》らんでくれます。

ところが、年齢を重ねると繊維がやせてくるため、弾力がなくなってしまう。よって表皮の土台である真皮が地盤沈下《じばんちんか》を起こし、皮膚がたるんだりシワになったりするのです。

その原理は解明されていても、かつてはそれを食い止める化粧品はありませんでした。ところが1980年代に入って、ついに真皮層まで潜ってその働きを活性化させる、美容液という化粧品が誕生したのです。

化粧品業界において、これはセンセーショナルなできごとでした。

私も、「ついに、こんな化粧品が現れたのか!」と驚いたのを覚えています。

その革命的な化粧品の登場を目の当たりにしているだけに、私は美容液とい

## 肌のつくり

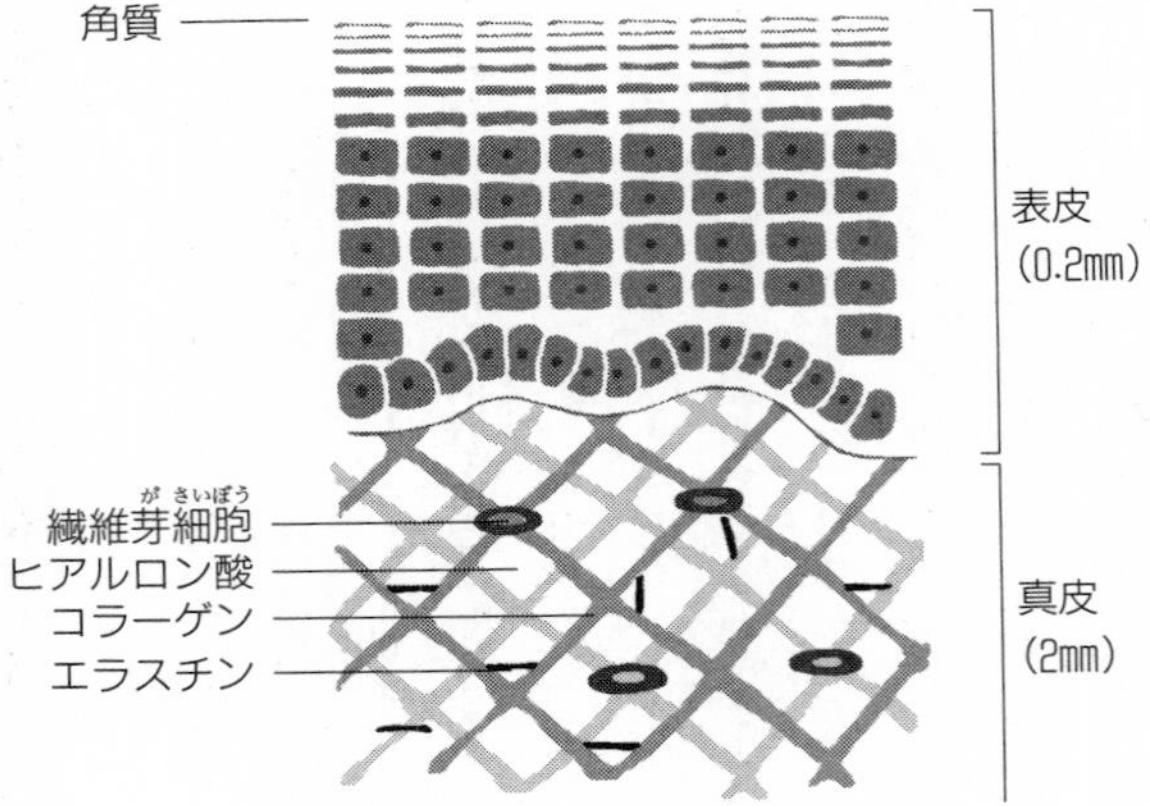


正常な新陳代謝《しんちんたいしゃ》は、約28日周期で肌表面の古い角質がはがれ落ちます。この働きは年齢とともに衰えます。定期的な角質ケアで肌表面のキメを整え、真皮層にまで栄養分が届くようにお手入れしましょう。真皮層が健康な状態だと、お肌にハリと弾力性が出ます。

うものに強い思い入れがあり、たとえ化粧水を省《はぶ》いても美容液だけはしっかりと朝晩つけています。

ところが、きちんとスキンケアをしている女性でも、美容液を省いてしまっている人は案外多いのです。

主な理由としては、「値段が高い」「いつ使えばいいのかわからない」「どんな効果があるのか知らない」ということを聞きますが、それではあまりにもったいないと思います。

私は美容液を「お肌の栄養剤」とも呼んでいます。疲れた肌にすぐに効いてくれますし、やはり「ハリ」が違ってくるからです。

まれにクリームの上から美容液をつけるという方がいますが、それでは真皮にまでなかなか浸透しません。

順序としては、化粧水で肌を整えたあとに美容液をつけ、そのあとに乳液かクリームで栄養分を閉じ込めるのが通常のやり方です。

美容液が他の化粧品と比べて値段が高いのは仕方がないこと。なぜなら、水分や油分ではなく、肌のための「栄養分」を摂るわけですから。栄養ドリンクだって、小さなボトルなのにけっこうな値段がしますよね。でも、ゴクッと1本飲むだけで、活力が取り戻せるなら安いもの。

10代、20代前半までは真皮層にも元気がありますが、20代後半になればだれもが「肌の地盤沈下」の可能性を秘めています。

若さの象徴である「ハリ」をキープするために、美容液はぜひスキンケアに組み込んでいただきたいと思います。

## 新提案⑰―乾いた肌にクリームを塗ってもムダです

日本には自分の肌を乾燥肌だと思い込んでいる女性が圧倒的に多いですが、よく見て触れてみると、ドライとオイリーの混合肌の場合がほとんどです。

そういう方たちが、ついやってしまうこと。

それは、冬になるとやたらとクリームを塗ること。手を洗えばクリーム、洗顔すればクリーム、寝る前にもクリームです。

でも、乾燥した肌にいきなりクリームをつけるのは間違いです。一時的に肌がうるおったような気になるかもしれませんが、それは錯覚《さっかく》。表面的にクリームの油分が行き渡っただけです。

だって、枯れたお花にいきなり油粕《あぶらかす》を与えても、土の中に栄養分なんて入っていかないでしょう。

そんなときは、まず第一に「水」なのです。水分を入れてふやかしてあげてから、栄養分や油分を入れていくのです。

これを化粧品に置き換えると、まずはたっぷりの化粧水で肌をうるおわせ、そこへ美容液という栄養分を浸透させていく。そして最後にクリームで「フタ」をするのです。ちなみに、化粧水は1ヵ月に1本を使い切るくらいのつもりで、ケチらず、たっぷりと使いましょう。

中に何も入れずにただ、クリームを塗るだけでは、中身がスカスカなのにフタをしているだけ。意味がありません。

ふだん女性が当たり前のように使っている化粧水、美容液、クリーム。でも、その正しい使い方を知っている人は意外と少ないものです。なぜならば、そんな初歩的なこと、だれも教えてくれませんから。

ましてやコスメカウンターでは、商品の説明はあっても「化粧水とは……」なんて改まって説明してはくれません。

だから聞くに聞けずに、乾いた肌にいきなりクリームをつけたり、クリームのあとに美容液をつけるなんていう、自己流のとんでもない使い方をしてしまうのです。

ここで、きちんとおさらいしておきましょう。

①化粧水 ――まず化粧水は、「整肌《せいはだ》」といって肌の状態を整えるもの。水

分をたっぷりと含んだ肌は化粧品の浸透がよくなりますから、次にくる美容液を受け入れる準備がここできちんと整うわけです。

②美容液　——次に、お肌の栄養剤である美容液を入れます。この美容液、意外と使っていない方が多いのですが、私はぜひみなさんに使っていただきたいと思います。

肌には一番表面にある「表皮」の下に「真皮」という層があります。化粧水やクリームが働くのは「表皮」の部分。でも美容液は、肌の「ハリ」や「弾力」を支配している「真皮」に働きかけることができます。だから、肌を根本から元気にしたいなら美容液は不可欠というわけです。

③クリームまたは乳液　——そして最後にクリームか乳液をつけます。この役割は、化粧水や美容液で得た水分や栄養分を閉じ込める、フタのようなものです。

ただし、乳液は軽くフタをする程度、クリームは圧力鍋のフタのようにカッチリと閉じてくれます。ですから乾燥が気になる方は、なるべくクリームを使ってください。

さて、これで冒頭のタイトルの意味、わかりましたね。どんなにたくさんの化粧品をもっていても、使い方を間違っていたら効果は半減してしまいます。ただし、メーカーによって独自のステップを採用しているところもありますから、基本的な知識として以上の流れを覚えておいてください。

## 新提案⑱—化粧品は一度開けたら使い切りましょう

使う前に化粧水のボトルを思い切り振ったり、マスカラのブラシをケースの

中で上下に動かしてしごいたりする行為。一見、何の問題もないように思えますが、どちらも化粧品の扱い方としては間違いです。

なぜならば、化粧水を振るのもマスカラをしごくのも、「酸化《さんか》」を促《うなが》して鮮度を落とすことになるから。

だから、2層式などの特別なものを除いて、化粧水は振るべきではないし、マスカラもブラシを上下にしごくのではなく、ケースのまわりについたものを、クルッとすくいとる要領でブラシを動かすのが正解なのです。

それからクリームでいえば、容器にそのまま指を入れるのは厳禁。ジャムに指を入れるとそこからカビが生《は》えるように、化粧品の「もち」を悪くするからです。

フランス製のクリーム類には、たいてい「スパチュラ」と呼ばれるヘラがついていて、それを使って1回分ずつ、すくい取るようになっています。これは、れっきとした酸化防止対策。なければ、アイスクリームのスプーンなどで代用してもかまわないので、とにかく指で直接、触れないことです。

ところで、セミナーや講演会に来られるお客さまからよく受ける質問といえば、「化粧品にも消費期限があるのですか？」というもの。

通常、化粧品には期限が記載されていませんが、封を切っていない状態なら1〜3年はもちます。ただし、封をしていても太陽の光がサンサンと差し込む部屋などに置いていたら、悪くなりやすいのでご注意を。

意識としては化粧品は「ナマモノ」。だから、湿気の少ない日陰に保管して、封を開けたらなるべく早く使いきるのが鉄則です。

とくに日焼け止めクリームなどは、去年の夏に使ったものを今年も使うという人がいますが、これは絶対にダメ。酸化したものを肌にのせるということは、肌を汚《きたな》くすることですから逆効果。それならば、しっかりとファンデーションを塗るほうが効果的です。

また化粧品カウンターでも、残りが少なくなった商品をそのままテスターのコーナーに置いてあるところがあります。こういうところでは、間違っても化粧品を買わないこと。仮にも「美」を売るという商売をしておきながら、腐《くさ》ったような化粧品を平気で放置している神経をまずは疑《うたが》うべきです。

よく考えてみてください。

一流のシェフは自分の調理器具をとても大切にし、「マイ包丁」を毎日丁寧《ていねい》に研《と》いでいます。信頼できる道具とそれを大切にする心があってこそ、繊細《せんさい》で美味しいご馳走《ちそう》がつくれるのであり、切れない包丁や薄汚れたまな板から美味しい料理が出てくるとはとても思えません。

みなさんも、きれいになりたいなら、まずは化粧品を「愛する」ということから始めてみてください。

## 新提案⑲―「まずは3ヵ月」がルールです

「先生、化粧品を替えてみたのですが、肌がよくも悪くもならないのは効いていないということでしょうか」

「何年も同じ化粧品を使っていますが、とくに肌に変化が現れないのですが」

ときおり、こんな質問を受けます。

双方とも「果たして今、使っている化粧品でいいのかしら？」という悩みは共通しているのですが、私のアドバイスは違ってきます。

まず、替えたばかりの化粧品の効果がわからないというのは、まだ使い始めて日が浅いからでしょう。化粧品が自分のものになって、肌に変化が見えはじめるのは2〜3ヵ月目ぐらいからなのです。

「効果がない」といってすぐに化粧品を替えるのではなく、肌にトラブルが出なければ、最低でも3ヵ月は使い続けてみましょう。

また、何年も同じ化粧品を使っているのに肌に変化が見られないのは、肌がその化粧品に慣れきってしまい、十分な効果がもう発揮できないのかもしれません。

そんなときは、思い切って化粧品をガラリと替えてみてもいいでしょう。確かに、どんなに高級な化粧品でも毎日使っていたら効果は薄れてきます。そんなときは、ときどき違う化粧品に切り替えてメリハリをつけるとか、朝と夜で使う化粧品を替えてみてもいいのです。

肌のタイプも歳を重ねるごとに当然、変わっていきますから、30代の人がいつまでも20代のころと同じ化粧品を使っているのは不自然なこと。数年ごとに使っている化粧品の見直しをするのは、とても大切なことです。

ところで私の知り合いの編集者は、学生時代にキャッチセールスにつかまり、高い化粧品をたくさん買わされたそうです。

ふつうなら、それに気づいた時点で「あー、だまされた！」と、その化粧品

を使わなくなってしまうでしょう。

ところが彼女は、「絶対、効かせてみせる！」という執念《しゅうねん》で何年も使い続け、ニキビだらけの肌を克服して、きれいな肌を手に入れたというのです。

まさに、執念で化粧品の効き目までを変えてしまった好例です。

これは、花にお水をあげるときに「早く大きくなってね」と声をかけたり、お腹の中の赤ちゃんにクラシック音楽を聴かせたりする胎教《たいきょう》と同じように、科学では解明できないパワーが働いたのだと思います。

だから、化粧品選びも目先の効果ばかりにとらわれないで、それを選んだ自分を信じて、まずは根気よく使い続けてみてください。あれもこれもと使うから、一体どれが効いているのかわからなくなってしまうのです。

目標は３ヵ月。まずは続けてみましょう。

## スキンケア一問一答

**Q 販売員が怖くて、デパートの化粧品カウンターに行きづらいのですが、この恐怖心を克服するよい方法がありますか？**

**A** 自分の欲しいものがよくわかっていないから、「何を買わされるんだろう」と不安になるのです。自分の肌を観察し、必要なものが明確になれば怖がることはありません。疑問に思ったことは何でも質問してみましょう。

**Q 美容液が肌の栄養剤なら、1種類だけでなく、何種類かつけたほうが肌は元気になるのでしょうか？**

**A** 美白用、保湿用などいくつか揃えるとメリハリのあるケアができ、肌も喜びます。朝と晩で使い分けたり、ボロボロ肌のときには2種類を重ねづけしてもいいでしょう。その場合、3分間隔でつけることを忘れずに。

**Q　ファンデーションについてですが、年齢的に何歳ごろからリキッド・ファンデーションをつけるべきですか?**

A　個人差はありますが、肌の水分が奪われやすくなる20代後半になったら、パウダリー・ファンデーションは卒業したいもの。リキッド・タイプならしっとり感が続きますし、化粧くずれもしにくい。大人の肌に最適です。

**Q　白っぽいファンデーションを選んでしまいがちなのですが、自分の肌と比べて、どのくらいの濃さのものが適当なのでしょうか?**

A　目安は自分の肌よりもワントーン深みのある色を選ぶことです。「こんなに濃くていいの?」というくらいでちょうどいい。私たちには体温がありますので、ピンクとオークルを混ぜて使うと絶妙な色合いになります。

**Q　新色の口紅が発売されると、つい買ってしまいます。ピンク系、レッド系、オレンジ系のどれが自分に似合うか見分ける方法はありますか？**

**A**　一番きれいに見えるのは自分の唇の色に近いもの。それを基準に、ピンクやオレンジを混ぜてバリエーションをつけます。また、私のおすすめはテラコッタ・カラー（レンガ色）。どなたにも似合い、着る服を選びません。

**Q　目のまわりは明るいパール系の色を塗ったほうが若く見えるとアドバイスされましたが、本当ですか？**

**A**　パールやラメ入りのものは、つけたときはきれいでも、時間とともにくすみ色素沈着《しきそちんちゃく》も起こりやすいのです。パーティなどではいいのですが、ふだんは光が「拡散」しない、肌に近い色を使うほうがきれいに見えます。

# 第3章　目からウロコの佐伯チズ　メソッド

## 新提案⑳ 顔を洗うのをおやめなさい

あなたはダブル洗顔をしていますか？

おそらく大半の方が「している」と答えるでしょう。

クレンジングをしたあとに、さらに洗顔料を使って顔を洗うという「ダブル洗顔」は、いまや美容の常識とさえ言われている洗顔法。でも私はダブル洗顔を一切しません。

なぜなら、肌を汚《きたな》くしてしまうから。

「毎日、何度も洗顔をしているのに、Tゾーンがいつもギトギトなんです」

「ダブル洗顔をきちんとしてるのに、すぐにニキビができるんです」

私のもとには、このような悩みがひっきりなしに寄せられます。

「Tゾーン・ギトギト肌」や「ニキビ肌」の人は、「皮脂を取ろう」「清潔《せいけつ》にしよう」とするあまり、とにかく洗顔に命をかける。なのに、一向に肌がきれい

にならないので、どうしていいのかわからなくなってしまうのです。

そんなときに私がお伝えすることはひとつ。

「顔を洗うのをおやめなさい」

この言葉を聞くと、「はぁ？」という表情をされる方が多いのですが、皮脂やニキビの原因を探ってみると、私の言葉の意味がわかっていただけると思います。

皮膚には本来、自分で肌を守る力が備《そな》わっています。

つまり肌は、「おや、乾燥してきたな……」と察知すると、うるおいのためのナチュラルクリームを分泌したり、「雑菌《ざっきん》が入ってきたぞ！」となると、殺《さっ》菌力《きんりょく》を発揮したりします。

もちろん、クレンジングでメイクやホコリ、汗などの汚れを取り除くことは大切ですが、問題は洗い過ぎて必要以上に取ってしまうこと。

クレンジングで肌の汚れは十分取れているはずなのに、さらに洗顔料で洗

う。そうすると肌はキュッキュッとなって、あたかも清潔になったような気になりますが、実はそれが大間違い。

2度も洗顔することによって「常在菌《じょうざいきん》」という、肌に必要な菌まで取り去ってしまうため、肌は守ってくれるガードをなくして悲鳴をあげているのです。そこで肌は、自らを保護する手段として必要以上に脂《あぶら》を出したり、また殺菌力が低下してニキビが出てきたりするというわけです。


基本的に洗顔はクレンジングをしっかりしたあとに、ぬるま湯ですすぐだけで十分です。スポーツをしたり炎天下を歩いたりして、どうしても気持ちが悪いときだけ洗顔料を使って洗うようにしましょう。

ただし、ここで勘違いしないでほしいのが、洗顔をしてはいけないというわけではないということ。クレンジング剤できちんとメイクを落としたら、洗顔料で何度もゴシゴシ肌表面をこすって洗う必要はないということなのです。

ですから、本当はメイクをしない日も、クレンジング剤を使って、丁寧《ていねい》に肌

についた汚れを取っていただきたいと思います。

私はスキンケアでもっとも時間をかけるのがこのクレンジングなのです。アイラインやマスカラなどの色素《しきそ》が残りやすい目のまわりの細かい部分は、綿棒を使って落とします。そして、コットンでアイシャドウと口紅のポイント・メイクを落としてから、顔全体のクレンジングに入ります。

このようにクレンジングの段階でキッチリと汚れを落としますから、そのあとはぬるま湯ですすぐだけでいいのであり、ここは決しておろそかにしてはいけません。

はっきりと申し上げます。ダブル洗顔は日本特有の間違った洗顔法です。今からでも決して遅くはありません。肌をきれいにしたいなら、完璧なクレンジングとすすぎ洗顔に切り替えるべきです。

ダブル洗顔でボロボロになった肌を、「洗わない」洗顔で見事にきれいな肌

に甦《よみがえ》らせた女性をたくさん見てきたこの私が言うのですから、間違いありません。

## 新提案㉑——「手のひら」と「指」だけできれいになれます

佐伯チズ・メソッドのスキンケアの最大の特徴は、特別な道具を使わずに、手のひらと指を最大限に活用することです。

まず、手のひらという大きな面は、ときに肌トラブルを予知する「センサー」の役割を果たします。

どういうことかと言うと、まず朝起きたとき、手のひらで自分の顔に触れてみます。「今日は目のまわりがカサついている」とか「Tゾーンにちょっと脂が多いから水分を与えなくちゃ」という具合に「触診《しょくしん》」をするのです。

私は美容業界にいたとき、年間2000人以上の女性の肌に触れてきまし

た。しかし、そんな私でも肌を見ただけでは完全な情報はキャッチできません。ですから、必ずお客さまの肌には直接、手のひらで触れさせていただくようにしていました。

そうすることで、目で見ただけではわからない「肌の叫び」が聞こえてくるのです。

そして、手のひらのもうひとつの役割は「スチームアイロン」です。

私のお手入れは基本的に、指で化粧品を肌に入れ込んでいくスタイルですが、その仕上げをしてくれるのが手のひらなのです。

つまり、指先で美容液やクリームを毛穴に入れ込んでいったら、手のひらで顔を包み込むように「プレス」するのです。

そうすると、体温と適度な湿り気で手のひらがスチームアイロンのような状態になり、化粧品をしっかりと肌に定着させてくれるのです。

さらに、セーターにスチームアイロンをかけると編み目が揃うように、手の

ひらを顔全体に当てることで、皮膚の繊維《せんい》が揃いキメも細かくなります。

そのほか、手のひらの体温で化粧品を温めて肌になじみやすくしたり、手のひら全体で頰《ほお》をもち上げる「リフトアップ」、頰をゆらして筋肉を刺激する「シェイク」などのハンドテクニックは、フェイシャル・エステでも行われている本格的なものです。


次は指です。

指は美容液やクリームを毛穴に入れ込んでいくときに活躍します。

指の腹を使って「えいっ！」「えいっ！」と化粧品を肌の中に入れ込んでいくのと、表面をなでるようにつけるのとでは、肌への浸透の仕方がまったく違います。

さらに、皮膚が薄くてデリケートな目の下にアイクリームを塗るときには、最初に指先でクリームをやさしくすり込んでから、ピアノの鍵盤《けんばん》をたたくようにして指先でポンポンと軽くたたきます。

するとクリームはどんどん肌になじみ、さらに目の周囲の筋肉を適度に刺激してたるみも防いでくれるのです。

そして何よりも、指で化粧品を肌の奥に入れ込んでいると指圧効果で血色がよくなるので、お手入れを終えたあとは肌がバラ色。化粧品もしっかりと浸透して、本当にきれいな仕上がりになるのです。

美容にとって最高の道具である、自分の手のひらと指を活用しないのはもったいない。同じ化粧品でも手をフルに使えば、その効果は2倍にも3倍にもアップできます。

## 新提案㉒ デコルテまでが「顔」と心得ましょう

私がお客さまと接していてガッカリさせられる瞬間というのは、汚い肌を見たときではありません。

それよりもショックなのは、お顔のケアは完璧でメイクもきれいにしているのに、なぜか、手がカサカサ、お首がシワシワ、デコルテがシミだらけ、という状態を目にしてしまったときです。

多くの女性は顔のお手入ればかりに気を取られて、つい他の部分のケアをおろそかにしてしまいがちです。実は「他の部分」こそが見られているのに。

顔がいくらきれいでも、いいえ、きれいであるからこそ、ほかの部分のアラが際立ってしまう。

だから、「首やデコルテも顔の一部。顔と同じように手をかけてあげてね」と私は女性によくアドバイスするのです。

「わざわざ」と思うから面倒になるのであって、たとえばローションパック（177ページ参照）をしている間に首からデコルテのマッサージをする、美容液をつけてからクリームを塗るまでの「浸透タイム」にハンドケアをする、という具合に「すき間」の時間を利用すれば、少しも苦にはなりません。

横方向に入ったシワが気になるとおっしゃる女性が多いお首のケアは、耳の下のくぼみの部分（耳下腺《じかせん》）を起点に行います。

まず右側の耳下腺を左手の中指で軽く押します。そうしたら、そのまま手のひらで首をつかむようにしてデコルテまで下ろします。

右が終わったら左。片方だけを集中してやるのではなく、必ず左右交互に行ってください。

そのときにスキンケアはもちろん、手の滑《すべ》りをよくするためにもなるべくクリームを使ってほしいのですが、よく「ハンドクリームやフェイス用クリームでもいいですか？」という質問を受けます。もちろん何もつけないよりはいいのですが、できればネック専用のクリームを使ってください。

骨一本で重い頭を支えている首というのは、たるみやシワができやすい部分。ネック専用クリームには、真皮《しんぴ》にまで働きかけて肌を内側から活性化させるエラスチンやコラーゲンといった成分が入っていますから、より効果的にネックケアができます。

次にハンドケアですが、こちらはハンドクリームを手の甲につけて、左右をこすりあわせます。手のひらは紫外線が当たりにくく、さほどダメージを受けませんし、手のひらにまでつけてしまうと、浸透するまで何もできなくなってしまうので、私の場合は手の甲にだけつけます。

できれば指の先から腕までクリームを塗り、関節やツメのまわりなどカサつきやすい部分にも念入りにすり込んでください。

また、ハンドクリームを塗った上にラップを巻いて5分ほどおけば、肌が一段明るくなったことを実感できるはずです。

首や手というのは、もっとも年齢が出やすい場所だともいわれます。

顔はメイクでごまかすことができても、首や手というのはごまかしがきかない。だから、私はどんなにきれいな女優さんでも、首や手が汚いとガッカリします。半面、首や手までしっかりとケアしていると「この方は本物だな」と思

うのです。

みなさんも「いい女」を目指すなら、手や首、そしてデコルテのお手入れも忘れないでください。

## 新提案㉓——美肌の基本5原則を覚えましょう

雑誌やポスターで陶器《とうき》のように美しい女優さんの肌を見たとき、「うわぁ〜、きれい」と思わず声をあげてしまうこと、ありませんか。

女性はとくに、顔の造作《ぞうさく》そのものよりも肌の美しさに目がいくようです。では「きれいな肌」というのは、どんな肌なのでしょうか。

私は化粧品メーカーでトレーニング・マネージャーをしていたとき、「きれいな肌」の条件を徹底的に研究したことがあります。

その結果、「う・な・は・た・け」という美肌の法則を発見したのです。

「う」うるおい
「な」なめらかさ
「は」はり
「た」だんりょく
「け」けっしょく

この5つがパーフェクトに揃った肌が「美肌」。これらをひとつずつグラフにマーキングしていった場合、すべてを満たして正五角形になるのがパーフェクトな肌です。

でも三角形や四角形になったからといって、悲観することはありません。今まで、どこをどうしていいかわからなかったスキンケアの突破口《とっぱこう》が見つかったのですから、美肌に近づく絶好のチャンスです。

さて、「う・な・は・た・け」チェックの結果、自分の肌のウィークポイントがわかったら、こんなケアを実践してみましょう。

### ■「うるおい」不足の人

皮膚が薄く乾燥に悩まされるタイプ。こういう方は、なるべく「コク」のあるタイプの化粧品を使って、常に保湿を心がけます。乳液よりもクリーム、パウダリー・ファンデーションよりもリキッド・ファンデーションという具合に、肌の水分を奪わないスキンケアを心がけましょう。

### ■「なめらかさ」不足の人

皮膚が硬くてキメが粗《あら》い。テカリも気になるタイプです。これらの原因は多過ぎる皮脂分泌ですから、毛穴に汚れを残さないようにし、さらに油分と水分のバランスを整えることです。皮脂のたまりやすい部分はとくに念入りにクレンジングをし、週に2〜3回はスクラブやマスクで角質ケアを。また、Tゾーン以外の乾燥する部分には水分・油分ともに補給します。

■「ハリ」不足の人

油分が不足していてしっとり感がなく、小ジワが目立つタイプ。朝と夜のお手入れに、水分、油分、栄養分をしっかり補《おぎな》ってくれるトリートメント・クリームを使います。メイクの前にも美容液やベースクリームをたっぷりと塗って、地肌のうるおいをキープしましょう。

■「弾力」不足の人

指で肌を押しても戻す力がなく、皮膚が薄くて血管が浮いて見えるタイプ。美容液を使って、真皮層にある繊維部分を強化します。さらに、寝る前にはナイトクリーム類で不足した油分を補給しましょう。また、乾燥は大敵ですから、全体的にしっとり感の高い化粧品を使いましょう。

■「血色」の悪い人

角質が厚ぼったく肌がくすんで見え、額が乾燥して肌が荒れているタイプ。

主な原因として考えられるのは、表皮《ひょうひ》の水分が不足していることや、新陳代謝《しんちんたいしゃ》が悪く、古い角質が残っていることです。それには、週に1〜2度の角質ケアや、肌に透明感を与える美容液が有効。また、外出するときには必ず紫外線対策をしてください。

これ以外の分類法に、おなじみの「オイリー肌」「ドライ肌」「ミックス肌」があります。これらは、どちらかというとメーカー側が化粧品を分類するための目安として設定するもので、この3タイプに自分の肌を無理にあてはめるのは不自然です。

それよりも「う・な・は・た・け」の法則で自分の肌に何が不足しているかを知れば、最短距離で美肌に近づくことができます。

さあ、正五角形のパーフェクト・スキンを目指して、自分に一番合ったスキンケアを実践してみてください。

## 新提案㉔──お手入れは「懐石料理《かいせき》」の要領《ようりょう》で

「待てない人はきれいになれない」

これ、どういう意味かおわかりになりますか。

化粧水、美容液、クリーム、と順番につけるとき、慌《あわ》てて次々とたて続けに塗り重ねたら、効果は半減してしまいます。

たとえば、化粧水をつけたらその成分が肌に浸透するまでに3分ほど必要なのです。そして、肌が十分にうるおったら美容液。そしてまた3分間待って、十分に栄養分が肌の奥に浸透したらクリームでフタをします。

前につけた化粧品が浸透しないうちに次から次へと重ねづけしてしまったら、結局、どの化粧品も十分に効果を発揮しないまま、ただ肌の上で混ざり合うだけ。

ですから、お手入れをするときイメージしていただきたいのは、伝統的な

「懐石料理」です。

目と舌で楽しみながら一品一品を愛《め》でるようにして味わう懐石料理は、日本人の美意識を象徴するもの。私も大好きです。

汁物《しるもの》で喉《のど》をうるおし、ゆっくりと一品一品味わいながら、最後のデザートまで満足感とともに時間が流れる。これを毎日のスキンケアにも取り入れてほしいのです。

化粧水で肌に水分を与え、3分おいてから美容液をつけ、肌の奥まで満腹感を与えます。さらに3分おいて、最後にクリームか乳液で終了します。

どれもこれも一度につけて、ワーッと肌の上で伸ばしてしまうのは、言ってみれば一度で満腹感を得る「どんぶり」。スキンケアはどんぶりではなく「懐石」式に。

「でも、忙しい朝に3分も待てない！」

そんな声が今にも全国から聞こえてきそうです。

たしかに化粧水から美容液、クリーム、UV下地まで、つける時間と待ち時間をあわせると、メイクに入るまでに最低でも20分はかかってしまいます。でも私は毎朝、懐石式スキンケアを実践しています。そして、そのあとのメイク時間はわずか15分。それにはちょっとしたコツがあるのです。

私は朝起きると真っ先にぬるま湯で顔を洗い、肌の調子がよければ化粧水を省いて美容液をつけます。そして、コーヒーをいれている間に浸透させ、3分経ったらクリームを。そして着替えをします。そしてまた3分経ったらUV下地、さらに軽食を摂って歯を磨く。つまり何かをしながらケアをするのです。なにも、鏡に向かってからスキンケアをはじめる必要はなく、朝のサイクルの中にスキンケアを組み込んでしまうのです。

これが佐伯チズ・メソッドの「ながらケア」。

鏡の前に座った時点で、すでにスキンケアは完了しているので、即メイクをはじめることができるのです。だからメイクタイムはわずか15分間。

友達と旅行に行くと、みんな何十分もかけてメイクをするでしょう。私なんてスキンケアを終わらせてからパパッとメイクをしますから、「この人たち、何をやってるんだろう」って思います。

忙しい人ほど、ぜひ「ながらケア」を実践してみてください。朝のメイクタイムが短縮できるばかりか、化粧品がしっかりと肌に浸透するので、1日中メイクくずれしないことに気づくはずです。

## 新提案㉕「ひと工夫」でスキンケアは楽しくなります

私は何にでもオリジナルの「ひと工夫」を加えるのが大好きです。

たとえばスクラブ洗顔。

これは角質ケアのために10日か週に1度は行っていただきたいのですが、

「そのまま使うと、スクラブ剤のツブツブが肌を傷つけそう……」と言って敬《けい》

遠《えん》する方が多いのです。

でも、私はこんなひと工夫をしています。スクラブ剤に洗顔料とぬるま湯を加えてミックスする。そうすると、とてもクリーミーになって肌触りもまったく違ってくるのです。

ローションパック（177ページ参照）だってそうです。単にパシャパシャと手でつけるよりも、水で湿らせたコットンを使って、パックをするようにつければ効果は何倍にもアップします。

ラップパック（181ページ参照）だって、「ラップはお料理にしか使ってはいけない」なんてだれも言っていません。私の手にかかれば、ラップだってスキンケアの味方にすることができるのです。

私がよく言う「化粧品は一度手に取ってから」というのも、原理は同じこと。手に取って体温で温めるという動作をひとつ加えることで、化粧品の浸透をよくするのですから、これも立派な「ひと工夫」ケアです。

だから「お金がなくて化粧品が買えない」と嘆《なげ》く前に、今ある化粧品をどう

すればより有効に使えるかに思考を切り替えてください。

2〜3本の美容液をその日の気分で使うというのも、一見とてもぜいたくなように思えますが、よく考えると予算は一緒です。

それなのに、お肌への効果が2倍にも3倍にもなるのならば、本当にお得ですよね。

こういう「ひと工夫」をする習慣をつければ、しだいに自分なりのアレンジが生まれてくるはず。そうすれば、お手入れはもっともっと楽しくなるし、お肌も加速度をつけてきれいになります。

いい化粧品が現れるのを、指をくわえて待っているだけではダメ。

自分のほうから化粧品に歩み寄っていけば、その可能性はどんどん広がり、思わぬ効果を発揮してくれます。

## 新提案㉖ 驚きのコットン・パワー！

先日、東京・池袋でメイクアップ・セミナーを開きました。

この日は私の講義をもとに、受講生のみなさんに実際にメイクをしていただいたのですが、約2時間のセミナーの最中、会場からは何度も驚きの声があがりました。

中でもひときわ大きな歓声があがったのは、アイメイクの仕方でもなく口紅の塗り方でもない。

私のコットンの使い方だったのです。

リキッド・ファンデーションをつけるまでの行程《こうてい》が終わり、白粉《おしろい》をつける段階になると、受講生ひとりひとりにスタッフからコットンが配られました。

みなさん、最初はただのコットンだと思っていたようです。

ところが私がそのコットンを手にとって、層になった繊維の一枚をはがす

と、予《あらかじ》め中にはさんでおいた白粉がうっすらと、透けて見えてきました。

さらに、それを手の甲の上でポンポンとたたくと、コットンのすき間から白粉がきれいに飛び出してくる……。

すると、会場から「えーっ？」とまるでマジックでも見ているような驚きの声がもれたのです。

「さあ、目の前のコットンでお顔をたたいてみてください。ほら、どんどん白粉が出てくるでしょう。次にコットンで顔を軽く押さえて、白粉を落ち着かせてください。たたく、押さえるという動きを何度も繰り返してみてください。

これが『粉コットン』です！」

私がそう言うと、みなさん子どものように目を輝かせてコットンを手に取り、きれいに白粉をつけることができました。

この方法だとコットンのすき間からまんべんなく白粉が出てくるので、ムラになったり厚くなり過ぎたりせずに、とても自然に仕上がるのです。

どの女性も鏡を覗《のぞ》き込んで、「たっぷりファンデーションをつけたのに、ま

るでつけてないみたいに軽い！」「わぁ、肌がサラサラ！」と大喜び。

さらに、私のマジックは続きます。

「白粉をつけたあとのコットンを手で2つに裂《さ》きます。すると、裂いたところがブラシのようになるでしょう。これで顔についた余分な粉をサッサッとはらってください」

もうみなさん、コットンのとりこになりました。

たかがコットン、されどコットン。

わずか1枚のコットンが、こんなにも可能性を秘めていることを知り、みなさん感激して帰られました。

私はもともと、パフやスポンジの類《たぐい》を使うのにはあまり賛成しません。ムラになったりつけ過ぎたりという失敗が多いだけでなく、衛生面でも問題が多いからです。だって、パフやスポンジを毎日洗っているという方は少ないでしょう。

それらは汗や皮脂がついたままにしておくと細菌《さいきん》が繁殖《はんしょく》しますから、とにかく不潔《ふけつ》になりがちなのです。どうしても使いたいとおっしゃるなら、毎日洗う覚悟でどうぞ。

それができないなら、断然、コットンがおすすめです。

先ほど説明した「粉コットン」なら、使い捨てですから衛生面でも優れていますし、肌にも優しいので、こすったり肌に負担をかけたりすることなく、自然な仕上がりを手に入れることができます。

そして携帯にもとても便利。

私はサイン会やセミナーで全国各地に行きますが、いつも数枚の「粉コットン」をファスナー付きの小さなビニール袋に入れてもっていきます。かさばらないし、そのまま捨てて帰れるのも大きな利点です。

コットンは化粧水をつけたり、クレンジングのときにだけ使うものだという考えは大間違い。ローションパック（177ページ参照）から粉コットンまで、その利便性は無限大です。

私は通常、8×7センチメートル程度のやや大きめのコットンを使いますが、ない場合は薬局で売っているカット綿を半分に切って使うといいでしょう。ポイントは「裂ける」コットンを使うことです。両端がミシン留めされているコットンでは、粉コットンもローションパックもできませんのでご注意を！

## 新提案㉗ ― 化粧品は垂れるものからつけなさい

違うブランドの化粧品をいつものお手入れメニューに組み込んだときや、化粧品をラインで揃えたとき。

その場でカタログを見ながらつける順番を説明してもらっても、いざ自宅で使う段階になると、「あれ？　これはいつ、つけるんだっけ？」となってしまうのは、よくある話です。中には、間違った順番で長年使っていたなんて話も耳にします。

これでは、せっかく買った化粧品の効果が半減してしまいます。

かといって、そのたびにカタログを見るのは面倒《めんどう》だし……。

そんなとき、カタログとにらめっこして順番を暗記しようと思ってもムダ。またすぐに忘れてしまいます。それよりも、なぜその順番につけるのかという原理を知るほうが早いと思います。

もっと簡単にいえば、「化粧品は垂れるものから」という法則を覚えれば間違いないのです。どんな化粧品にも通用しますから、ぜひ頭の片隅に入れておいてください。


通常、お手入れのステップは液状の軟《やわ》らかいものからスタートします。

**①ローション**
**②オイル**
**③ジェル**
**④ミルク**

⑤フルイド
⑥フォーム
⑦ムース
⑧エマルジョン
⑨クリーム

大きく分類すると、化粧品の硬《かた》さによってこの9つに分けられます。

液状に近いものほど、肌の奥へスッと浸透していきますから早い段階でつけます。そしてクリームのような重いものは最後につける。

ところが、もし乾いた肌にいきなりクリームをつけたらどうでしょう。

肌の表面にクリームの膜ができてしまうから、その上にいろいろな化粧品をつけても肌の奥にうまく浸透しません。

だから、化粧品をつける順番というのは、とても大切なのです。

「あれ？　わからなくなった」と思ったら「垂れるものから」を思い出してく

ださい。美容液を2種類使うときにも、必ず「垂れるものから」。トロッとして重いものはあとで使う、と覚えましょう。

## 新提案㉘―顔の筋トレ、していますか？

お腹がたるんでくると腹筋をしたり、たくさん歩いた日には脚のストレッチをするのに、こと顔に関してはみなさん、筋肉があるということを忘れてしまいがちです。

目のまわりをドーナツ状に取り囲む「眼輪筋《がんりんきん》」、頬を斜めに走る「大頬骨《だいきょうこつ》筋《きん》」、口のまわりには「口輪筋《こうりんきん》」……。名前は少し難しいですが、顔にもさまざまな筋肉があるのです。

顔の筋肉はちょうどサスペンダーのようになって、まぶたや頬の肉が落ちるのを食い止めてくれます。

ところが筋力が落ちると、伸びきったゴムのように強度がなくなってしまうため、顔がたるんでしまいます。

だから、みなさんにはぜひ皮膚のケア（スキンケア）とあわせて、たるみを防ぐ筋肉のエクササイズを行ってほしいのです。

エクササイズの具体的なやり方は私の著書、『美肌革命』（講談社刊）に詳しく記していますが、面倒だという方は、「アエイオウ運動」をするだけでも効果は期待できます。

では、「アエイオウ運動って何？」という方のために、やり方を説明しましょう。

まず、鏡に向かって「ア」と声に出しながら大きく口を広げます。次に「エ」と発声しながら口を開く。それを「ア・エ・イ・オ・ウ」の順番にやっていくのです。

このとき大切なのは、顔の筋肉を意識しながら動かすということ。

目を大きく見開いて発声すれば、目のまわりのたるみも防止できます。

筋肉というのは、使わないと退化《たいか》していくものです。

だから、仕事を辞めて家にこもってしまった人や、人と会話をする機会の少ない人はだんだん表情がなくなり、顔の筋肉も落ちてくるのです。

「アエイオウ運動」なら道具もいらないし、時間もいらない。

テレビを見ながらでも、お風呂に入りながらでも、いつでもできるものです。だから、ひまを見つけては、たるみ防止のエクササイズだと思ってやってみてください。


一般に、顔のお手入れというと、肌表面のケアだと解釈されがちですが、「たるみ」というのは皮膚が1枚ペロンとたるむのではなく、顔の筋力が落ちて脂肪を支えきれなくなるから垂れてしまうのです。

だから、筋肉と皮膚の両方をお手入れしてはじめて、「フェイスケア」といえるのではないでしょうか。

私はエクササイズはたるみやシワの「予防」、スキンケアはできてしまったシミやシワの「修復」というように考えて、同時進行でケアしていくようにしています。

ですから、まだたるみが気にならない方も、予防の意味で顔のエクササイズをしておきましょう。

ピンと張ったサスペンダーさえキープしていれば、ちょっとやそっとのたるみにおびえることもありません。

## 新提案㉙ 「化粧直し不要」の佐伯チズ式スキンケア・メイク

私のメイクは「スキンケア・メイク」と呼ばれています。

それは、なぜか。

メイクをしながら同時にスキンケアもできてしまうからです。

だからメイクの終盤《しゅうばん》、口紅を塗るころには血色がよくなり、顔のむくみも取れ、ベストの状態で外出ができるのです。

その秘訣《ひけつ》は、ズバリ「入れ込み」化粧法にあります。

まず化粧水で肌を整えたら美容液を顔全体に伸ばし、指先でしっかりと毛穴に入れ込んでいきます。

次に手のひらで顔を包み込むようにして入れ込んだ美容液を定着させたら、クリーム、下地クリームも同様に、指先でしっかりと入れ込み、そして手のひらで定着させます。

さらに、リキッド・ファンデーションもただ顔の表面に「塗る」のではなく、指先で毛穴という毛穴に徹底的に入れ込んでいく。そして手についたファンデーションを一旦ティッシュで拭《ふ》き取ってから、顔についたファンデーションの油分を指の腹で伸ばします。さらに指をティッシュで拭きながら何度も入れ込み、最後に手のひらで顔を包み込むように押さえます。

ポイントは化粧くずれしやすい頬やこめかみに、あえてたっぷりと化粧品を

入れ込み、くずれにくい「土台」をつくっておくことです。

また、手のひらでプレスすることによって、体温と適度な湿気がちょうどスチームアイロンのようになってファンデーションを定着させ、さらに肌のキメを整えてくれるのです。

私のスキンケア・メイクは、このように「指先での入れ込み」と「手のひらでの定着」を何度も繰り返しますから、知らず知らずのうちに指圧やリンパマッサージをしていることになり、むくみやくすみを追い出しているのです。

さらに、このスキンケア・メイクには大きなメリットがあります。

それは、一日中、化粧直しがいらないということ。

みなさん、化粧くずれがなぜ起きるか、おわかりですか？

それは美容液やクリーム、リキッド・ファンデーションなどをすべて、肌の表面になでるようにして塗っているだけだから。つまり、きちんと肌に密着していないからなのです。

しかも、それぞれの化粧品が十分に浸透しないうちに、立て続けにつけるものだから、それこそ、汗をかいたら肌の上でいろいろな化粧品が混ざり合ってドロドロになってしまうのです。

それを「あぶらとり紙」でこすり取るわけでしょう。最悪です。ドロドロになったうえに水分まで取られて、肌は粉ふき芋みたいになってしまいます。

ところが私のスキンケア・メイクは、それぞれの化粧品がしっかり浸透するまで待って、さらに指先で毛穴に入れ込み、それを手のひらで定着させていきますから、完璧に肌と一体化するのです。

簡単にいえば、ふつうのメイクは肌の上に膜をつくるようなものですが、佐伯チズ・メソッドのスキンケア・メイクは、「肌そのものを改造してしまう」といった具合。

だから、くずれようがないのです。

もちろん夜、きちんとクレンジングをすれば、毛穴に収まったファンデーションもきれいに取れますから、肌がくすむ心配もありません。

ただし、肌の上にサッとリキッド・ファンデーションを塗るよりも、毛穴にファンデーションを入れ込んでいくには、多少の時間はかかります。時間にすれば2〜3分の差だと思いますが。

でもそれで1日中、きれいな肌で化粧直しをする必要がないなら、むしろ時間を有効に使っているといえるのではないでしょうか。

忙しいから、朝のスキンケアやメイクをササッとすませるのではなく、忙しい人こそ、昼間はメイクに気をとられることなく仕事や勉強に集中できるよう、朝のうちにきちんとお手入れをしておくべきだと私は思うのです。

私のスキンケア・メイクを実践された方は、みなさん、「こんなにたっぷりとファンデーションを塗っているのに、厚塗りにならない」と驚かれます。そう、ファンデーションを毛穴に入れ込んでいるから、いかにも「メイクしてます!」という感じではなく、素肌に近い仕上がりなのです。

この快適さを経験したら、あなたもきっとスキンケア・メイクがやめられな

くなりますよ。

## 新提案㉚―肌にも「土用《どよう》の丑《うし》の日」が必要です

私はスキンケアのサイクルを、こんなふうに考えています。

ふだんは洗顔だけで十分。でも、毎日洗っている湯のみにも「茶渋《ちゃしぶ》」がつくように、ときにはクレンザーでよく汚れを取ってあげる。

これを洗顔にたとえると、10日か週に1度の「スクラブ洗顔」にあたるものです。

さらに、白さを取り戻すために、ときどき湯のみを漂白剤につけます。

これは週に1度の「ホワイトニング・パック」です。

さらに長い目で見ると、年に1～2度、栄養をたっぷり与えて肌のリセットをする「集中ケア」を行うのが理想です。

集中ケアというのは、多くのブランドから専用のセットが出ていますが、お肌の人間ドックのようなもの。

たとえば3週間で行うタイプなら、1週目は「肌がもつ機能の活性化」、2週目は「肌を引き締め、ハリを養《やしな》う」、そして3週目は「肌にツヤを与え、ふっくらさせる」という具合にケアをしていきます。

とくに、季節の変わり目には体力がガクッと落ちるように、肌にも疲れが出ます。

日本には「土用の丑の日」のように、昔から体力が落ちてくる時期にスタミナをつけるという習慣があります。

身体が疲れているときというのは、肌もきっと疲れているはずですから、スタミナ補給にあたる集中ケアは、夏の終わりや冬の終わりなど、季節の変わり目に取り入れるのが効果的だと思います。

ところで、「集中ケア」セットは値段が張るものですから、どことなく「贅《ぜい》

沢品《たくひん》」「最後の切り札」のようなイメージがあるかもしれませんが、そんなふうに決めつけることはないと思います。

中には「若いうちからこんな贅沢なケアを覚えてしまったら、将来、何をつけたらいいの？」なんて言う方もいますが、若い人が栄養ドリンクを飲んではいけない、なんてことはないですよね。

それに、いまやお肌の曲がり角は10代でやってくると言われています。若いうちから定期的な肌体力アップの習慣をつけておくのはとてもよいことだと思います。

20代なら年に1回、30代になったら年に2回というふうに、自分の肌と相談しながら行えば、何も問題はありません。

私のサロンにいらっしゃるお客さまの中には、エステティックを「自分へのごほうび」とおっしゃる方が多いのです。「エステは月に一度のフルコースのディナーのようなもの。これが食べたいから一生懸命働けるし、また明日から

頑張ろうって気になれるんです」と。

スキンケアは食事と同じ。粗食《そしょく》ばかりでは肌がやせて貧相《ひんそう》になってしまう。だから、季節の変わり目には「土用の丑の日」同様、次の季節に向けてスタミナをつけて、肌体力をしっかりと養ってあげてください。

## 新提案㉛「ドクターズ・コスメ」に惑《まど》わされないで！

ここ数年、コスメ業界で注目を集めているものに「ドクターズ・コスメ」と呼ばれるものがあります。

これは、基本的にお医者さんが患者さんの肌の悩みを改善するために開発に取り組み、製品化したものを指しますが、実際にはお医者さんが自ら開発したものから、開発に協力したもの、推奨《すいしょう》するものなどさまざまで、定義もあいまいな部分が多いようです。

もちろん深刻な肌トラブルを抱えた女性が、何を使っても肌に合わず、皮膚科に駆け込んでスキンケア製品を処方してもらったという例もあります。

でも問題は、「ドクター」と名がつけば安心なのかということ。「ドクター」といえば聞こえはいいけれど、今は病院での不祥事《ふしょうじ》も絶えないのが現状。ドクターだっていろいろです。

たとえば、昨今のドクターズ・コスメブームにあやかって、専門知識もないままに美肌に有効な成分をむやみに混ぜ合わせて製品化する人もいるようですし、スキンケア製品にとどまらず、必要のない人にまでケミカル・ピーリングやレーザーをすすめたりする皮膚科医も多いとか。

実際に、ピーリングを受けて肌がボロボロになった人が私のもとに来たことがありますが、こういう方は化粧品やお手入れの方法を替えただけでは、なかなか元には戻らないので、本当に気の毒になってしまいます。

そのほか、アトピーがひどくて皮膚科に通い続けた方が、いつまで経っても

よくならず、しびれを切らして私に相談しに来られたことも。

お医者さんというのは皮膚の原理はわかっていても、女性の生活習慣や化粧品の使い方まではなかなかわからないものです。

だから、私からみれば、明らかに不適切なスキンケア製品を平気で処方しているケースもあるのです。


今、市販の化粧品の成分というのは驚くほどのスピードで研究開発が進んでいます。そこに、「心」を添えれば、いろいろな肌トラブルも改善されるはずです。


現にアトピーに悩んでいたその女性は、私がすすめた化粧品とスキンケアで見事に肌トラブルを克服しましたし、ときにはドクターズ・コスメ以前に食生活や生活習慣を変えなければならない場合だってあるのです。

もし、みなさんがどうしてもドクターズ・コスメを使いたいというなら、自分のどういうトラブルに対して、どんな結果が期待できるのかということを認

識したうえで選んでほしいと思います。

きちんとした理念がなければ、わざわざドクターズ・コスメを使う必要はありませんから、まずは使う側の私たちが賢《かしこ》くならなければダメです。

「白」とか「清潔感」、そして「ドクター」「処方」なんていうのは、日本人が大好きな言葉。

飛びつきたくなる気持ちもわかりますが、私はひとりひとりにピタリと合う化粧品なんて、絶対につくれないと思います。それを血まなこになって探し回るくらいなら、質のいい市販の化粧品を、正しく使ったほうが絶対に賢いと思います。

そのためにも私は、「どんな化粧品を使うかではなく、どう使うか」ということを長年唱《とな》えてきました。

あなたの肌をきれいにするのは何も特別なものではなく、解決のヒントは意外と身近にあるはずなのです。

## スキンケア一問一答

**Q やはり化粧品のよさは値段に比例して、「安かろう、悪かろう」「高かろう、よかろう」なのでしょうか？**

**A** 高額商品は基本的に製剤がよいといえます。ただし、「高額＝効果がある」とはいえません。使い方ひとつ、心ひとつで効果は違うのです。あえていうなら、3000円以下の化粧品はあまりおすすめしたくはありません。

**Q 「自然派」とか「天然素材」という言葉にひかれて化粧品を買ってしまいます。化粧品を選ぶ際、一番気をつけなければならないことは何ですか？**

**A** 「自然派＝添加物《てんかぶつ》ゼロ」というわけではないし、天然素材が必ずしも肌にいいとは限りません。イメージに惑わされず、まず自分の肌に何が必要かを考えて。また「香りや感触が好き」ということも大切なポイントです。

**Q**　**鏡を見るたび、「こんなところにシミが……」とか「シワが増えたみたい……」と欠点ばかりに目がいきます。このクセを直したいのですが。**

**A**　どうしても欠点に目がいくのはわかりますが、ネガティブになっているだけではきれいになれません。肌の調子がいいときには、ぜひ、「今日の肌、いいじゃない？」とほめて、自分自身にきれいの暗示をかけましょう。

**Q**　**「肌がきれいになるから」とピーリングをすすめられ、1年近く、皮膚科に通っていますが、顔全体がくすんできたような気がします。**

**A**　ピーリングは結局、肌の表面を削《けず》り取るわけですから、過剰なあかすりと同様に、肌が悲鳴をあげて脂《あぶら》を出したり皮膚を硬くして、やがてくすんできます。私は透明感を出したいならスクラブ洗顔で十分だと思います。

**Q 販売員からすすめられるままに新色の化粧品を買っていましたが、そろそろ知的メイクを目指したいと思います。ポイントを教えてください。**

**A** 一度、今もっている化粧品をすべて広げて、不要なものは潔《いさぎよ》く処分しましょう。もしあなたが25歳以上なら、色選びの基準は「知性と清潔感」。ピンクやブルーよりも、ブラウン系の色がそれを叶えてくれるはずです。

**Q 何を信じてスキンケアをすればいいのかわかりません。メディアの情報？ 口コミ？ 販売員？ 自分の勘？**

**A** 他人の情報は「その人の肌にはいい」ということで、自分に該当《がいとう》するとは限りません。確実なのは、自分の肌を見極めたうえで販売員に相談し、実際に使ってみること。テスターや試供品を上手に活用しましょう。

# 第4章　美肌のための暮らし術

## 新提案㉜ お肌の天敵《てんてき》、紫外線を徹底排除！

1998年に、母子健康手帳から「日光浴」の必要性に関する記述が消えたのをご存知ですか？

以前は、赤ちゃんの健康のためには日光浴が必要だといわれていましたが、最近では紫外線による被害のほうが懸念《けねん》され、直射日光に当てるのではなく、外気浴のみで十分であるという考え方に変わってきたそうです。

また、大人よりも子どものほうが紫外線に対する感受性が強いため、できるだけ早い段階から紫外線対策を行ったほうがいいとも言われています。

こんなことが言われはじめたのは、ごく最近のこと。

もちろん私の子どものころは、お天道《てんとう》さまの下で真っ黒になるまで遊んでいましたし、夏休みには「日焼けコンテスト」なんてものもあり、「日焼け＝健康」のような認識さえありました。

でも、私は40年以上も前からだれから教えられるわけでもなく、「紫外線は肌によくない」ということを感じていました。

それは、母を見ていたからです。

私の母はガーデニングが大好きで、毎日太陽の下で庭いじりをしていました。その母の肌といえば、見事に真っ黒でカサカサ。

それを見ていて子ども心に、「太陽の光は肌を汚《きたな》くするんだなあ。女性は肌がきれいなほうが絶対にいい」と感じ取ったのです。

だから私は18歳のころから、一度たりとも水着を着ていませんし、日傘、帽子、サングラス……あらゆる道具を使って紫外線を避けてきました。

もちろん日陰を選んで歩いたり、ＵＶクリームを塗《ぬ》ることも怠《おこた》りません。

こうした徹底した紫外線対策のおかげで、60歳を過ぎてもシミひとつない肌をキープしているのです。

先日もテレビ番組で、海外での紫外線対策について取り上げていましたが、日本人よりも皮膚ガンの発生率が高いオーストラリアやアメリカでは、国民の間で「積極的に日焼けを予防しよう」という意識が広まっているようです。

家庭では親が子どもに外出時の帽子の着用と、日焼け止めクリームを塗ることを徹底させ、学校でも先生が帽子の選び方や被《かぶ》り方などを細かく指導していました。

さらに、学校の校庭には「ひさし」があり、すべり台やジャングルジムで遊んでいても、直射日光が当たらない工夫がしてあるのです。

それを見ていて私は、「まさに紫外線対策の先進国だわ」と関心したのと同時に、「私が子どものころにもこういう認識があれば、もっと肌がきれいになれたかも」なんて欲まで出てきてしまいました。

日本では、まだそこまでの対策はされていないようですが、子どものころからきちんと対処をしておけば、紫外線による病気が防げるだけでなく、大人になってからの肌質にも大きく影響してくると思います。

私は「肌のために、紫外線は百害《ひゃくがい》あって一利《いちり》なし」と言い続けているひとりです。

「ちょっと近くに買い物に行くだけだから」「洗濯物を干すだけだから」と、自分に言い訳をして紫外線対策をサボるのはよくない習慣です。

スキンケアに関してほかのことは多少ルーズでも構いませんが、面倒《めんどう》くさがり屋の私も、こと紫外線対策についてはマメですし、人一倍気を使います。

いまや赤ちゃんのときから日光浴を抑制《よくせい》する時代。

みなさんも一刻も早い紫外線対策を！

## 新提案㉝一朝の始まりは「鏡チェック」から

私の知人が引越しをしたとき、家じゅうが荷物の山になってしまい、忙しい

のと面倒くさいのとで、一週間ほど鏡を見なかったそうなのです。

無事、引越しを終えて久しぶりに鏡の前で自分の顔を見たら、そこには疲れ果てた別人の顔があったとか。

自分を失っているときって、人は鏡を見ることすら忘れるものです。

私も主人を亡くしたときに、しばらく泣き暮らしていて、鏡などまったく見ませんでした。

そして久々に自分の顔を見たとき、枯《か》れ果てた肌と、一気に何歳も歳をとってしまったような表情に愕然《がくぜん》としたものです。

でも、私は決して現実から目をそらさず、1日に何度も鏡を見て、自分の肌を、そして表情を、少しずつ復活させる努力を積み重ねました。

1日のスキンケアのスタートはまず洗顔、と思いがちですが、実はまず鏡の前での「顔チェック」ありきなのです。

最初に顔全体を見て「顔色はどうかな?」「ツヤはあるかな?」などをチェ

ック。さらに「目尻は下がっていないかな」「頬のラインは左右均等かしら?」「口角《こうかく》が下がっていないかしら?」などのディテールを確認します。

そして肝心《かんじん》なのが必ず「触れる」ということ。

よくコスメカウンターで、顔を見ただけで「お肌が乾燥してますね。それではこの化粧品を……」などと言う販売員がいますが、そんなカウンセリングは疑《うたが》ったほうがいいでしょう。

私はのべ35年間、美容業界にいましたが、それでも必ずお客さまの顔に触れて、その方にあった化粧品選びを常にサポートしてきたつもりです。

そこで「触診《しょくしん》」の話です。自分の肌を目で見て「視診《ししん》」したら、次は手で触れて「触診」をするのです。

「頬に弾力はあるか」

「耳の周辺がザラついていないか」

「顔をつまんで離したときに、すぐ元に戻るか」

それらをポイントに、実際に肌に触れてチェックしていきます。

肌はその日の体調や気温などで、毎日変わります。だから、昨日と同じスキンケアをただ繰り返すだけではダメです。

「今日の自分の肌」を知ったら、そこではじめてお手入れに入ることができるのです。

たとえば肌がギトギトしているようなら、洗顔料を使って顔を洗い、ローションパックで肌を鎮静《ちんせい》させます。

肌がしっかりとうるおっていてとくに問題なければ、洗顔はぬるま湯ですすぎだけ。私の場合、洗顔後の化粧水を省《はぶ》くこともあります。

そして美容液、さらに乳液またはクリームへとステップを踏んでいきますが、これも顔チェックのデータに基づいて判断します。弾力が足りないなら肌の繊維《せんい》に働きかける美容液、ザラつきが気になるなら、乳液ではなく保湿をしっかりとするクリーム、という具合に選んでいきます。

こうして「日替わり」のスキンケアを続ければ、しだいに自分の肌のコンデ

イションがわかってきます。

そして、たとえば「生理の前に吹き出物が出やすい」ということが経験からわかってくれば、先手を打ってスクラブ洗顔をして角質ケアをしたり、マッサージやパックをするなどして、吹き出物が出にくい状態にする「予防」ができるのです。

だから、みなさんも鏡の前での視診、触診、それに応じた化粧品選びを日課にしていただきたいのです。

自分の肌は自分が一番よく知っているはずです。

なのに、自分の肌と向き合わずに迷っている女性があまりにも多い。

正しいケアをするためにも鏡は不可欠です。できれば全体をチェックする大きな鏡と、ディテールを見る手鏡の2つを揃えてください。

## 新提案㉞―顔にこだわるなら頭皮にも愛を！

私は自分の髪の毛が大嫌いでした。子どものころからうねっていた髪の毛はなかなかまとまってくれないし、亡き主人の看病を終えたときには、40代にして真っ白な頭になっていました。

でも、今やパープルのショートカットは私のトレードマークのようになり、自分でも気に入っていますし、実はお手入れもとってもラクなのです。

このヘアスタイルを保つのに、私は何十年も同じ美容院に通っています。担当の男性美容師の方は、私のスタイルを熟知してくださっていますから、椅子に座れば「いつもの……」とばかり、細かい注文をつけなくても、きれいにはさみを使ってサッパリとカットしてくれます。

カラーリングについては、近くのドラッグストアでまとめ買いするお気に入りのシャンプータイプのカラーリング剤を使っています。お風呂に入ったと

き、ササッと自分でできるので重宝《ちょうほう》しています。

みなさんも美肌にこだわるなら、皮膚の一部である「髪」や「ツメ」についても一度、考えてみてください。基本的に頭皮と顔の皮膚はつながっていますから、頭皮が健康で髪の毛がきれいな人には肌のきれいな人が多いのです。

そういえば、先日「ヘアエステ」に行ったという知人から興味深い話を聞きました。

そこのエステティシャンいわく、10代、20代の人は、たとえばシャツ1枚買うにしても、「目立つカラー」とか「かわいく見えるデザイン」という視点で選ぶのに対して、30代になるとシャツそのものの「素材」や「仕立て」にこだわるようになると。

その原理でいえば、若いころにいろいろなヘアスタイルやカラーリングを楽しんできた人が最後にたどりつくのが、「髪質」なのだそうです。

そこへ、さらに佐伯チズ理論をプラスするとすれば、派手なメイクや「モテ

顔」にこだわってきた人が最終的にたどりつくのが、「肌質」なのです。

どんなに高級なスーツを着ていても、どんなにゴージャスなメイクをしていても、髪がパサパサだったり、ツメが汚かったり、肌がボロボロでは、決して上質には見えません。

一方、いくつになっても髪や肌がツヤツヤだと、それだけで「この人、いい生き方をしているのね」と思われるものです。

実際、頭皮をマッサージすると顔にもハリが出るといいますし、女優の山咲《やまざき》千里《せんり》さんも、頭皮のたるみが顔をたるませ、目を小さく見せるとおっしゃっています。

ちなみに、私は髪の毛を洗うとき必ずブラシで頭皮をマッサージするようにしています。

若いみなさんも、ぜひ、今から頭皮ケアをはじめてみてください。

## 新提案㉟――目標があればダイエットは続きます

美味《おい》しいものには目がない私ですが、その分、ウエイト・コントロールにも気を配っています。

やはり人をきれいにするという仕事をしている以上、自分自身がきれいにしていなければ、説得力がないと思うのです。

ですから、私は化粧品メーカーにいるときから、ダイエットをして体型維持に努めるのはもちろんのこと、エチケットとしてツメを伸ばさない、お酒は飲まない、タバコは吸わないということを徹底してきました。

かつて美容部員は、接客中は結婚指輪と時計以外のアクセサリー禁止、マニキュア禁止、髪が長い人はひっつめにする、というのが決まりでした。

でも今はずいぶん自由になって、休憩時間にタバコを吸ってニオイを制服につけたままカウンターに出ていくスタッフまでおり、私としては唖然《あぜん》とするば

かり。プロ意識に欠けていると言わざるを得ません。

さて、ダイエットについてですが、私は昔から「ダイエットが趣味！」というほど、いろいろな方法にチャレンジしてきました。

そして、たどりついたのが和田式ダイエットです。

これは1日2食、1回の食事で肉、海藻《かいそう》、魚、油、卵、ミルク、豆、野菜、貝類の9品目を摂るというもので、あわせて軽い運動もします。

よく、「ダイエットをしたら、皮膚がたるんで老《ふ》けたように思います」なんておっしゃる方がいますが、食べないダイエットはスリムではなく「貧相《ひんそう》」な顔をつくりますから、絶対におすすめできません。

運動に関しては、今のところスポーツジムなどに通う時間がないので、毎朝のストレッチを日課にしています。

朝起きたら、スクワットを約30回、蹴《け》り上げ運動を左右10回ずつ、腹筋10回、相撲のシコ踏み左右5回を全部で10分ぐらいかけて行います。

さらに、ウエスト60センチメートルをキープするために、パンティーストッキングのウエスト・ゴムの部分だけを切りとってボディスーツの上に着用したり、足首にはスポーツ用のリストバンドを巻いて足首のくびれをつくったりして、自分なりにいろいろと工夫をしています。

「えーっ、そんな方法で？」と滑稽《こっけい》に思う方がいるかもしれませんが、実際にこの方法で私はウエストと足首の「くびれ」をつくったのですから、まさに「信じる者は救われる」です。

私は昔からオードリー・ヘプバーンが大好きで、彼女がフレアースカートを纏《まと》ったときのあのキュッと締まったウエストのラインや、サブリナパンツを穿《は》いていたときの細い足首に憧《あこが》れていました。でも指をくわえて見ているだけでは、単なる憧れで終わってしまう。そこで私は、少しでも彼女に近づこうと「行動」したのです。

そして、自分の身体を少しずつ変えることに成功しました。

スキンケアだって同じこと。「こうなりたい」という夢が明確であるほど、それに向かって努力することができるのです。

たしかに、多くの女性が私に訴えてきたように、ダイエットや運動を長年続けることは決してラクなものではありません。でも私は、「これできれいになれるんだ！」という目標があれば続けることができると思うのです。

みなさんも、ただ漠然と「きれいになりたい」と考えるのではなく、できるだけ具体的な目標を立ててみてください。そうすれば、より早く「なりたい自分」に近づけるはずです。

## 新提案㊱――美容の秘訣は1日2リットルの水

「美容のために、何か特別に食べているものはありますか？」

雑誌の取材を受けるたびに、必ずといっていいほど聞かれる質問です。

そう問われて考えてみると、美容を意識して特別なものを食べているということは実際のところ、ないんですね。

ただし、美と健康のために毎朝のヨーグルトとフルーツは欠かしません。

それと、1日2リットルのミネラル・ウォーターでしょうか。

私は牛乳があまり好きではないので、カルシウムを補《おぎな》うためにもカルシウムやミネラルが豊富な「コントレックス」というミネラル・ウォーターを選んでいます。

最近は1ダース、2ダースという単位でまとめて買ってキッチンの隅にストックしておき、ときどきはミネラル不足のお客さまにお出しすることも。

なぜ、私がここまで水にこだわるかというと、まず第一に、「人間の身体の70パーセントは水」という事実があるから。それほど私たちにとって水は大切なものだから、きちんと補給したいと思うのです。

歳をとるにつれ、シワシワになって小さくなっていくのも身体の水分量が減っていくから。言い方は悪いかもしれませんが、人間も「枯《か》れる」ということ

です。

そして枯れるということは、肌に弾力やツヤ、ハリ、透明感などがなくなっていくこと。もちろん美容にとってよいはずがありません。

それから汗をかくためということもあります。

私はいろいろな女性の肌を見てきましたが、アトピーの方というのはうまく汗をかけないことが多い。そのかわりにジトーっとした脂《あぶら》が肌を覆《おお》ってしまうのです。

本来は適度な汗（水分）と皮脂（油分）が混ざり合って「ナチュラルクリーム」をつくり出し、それが肌をガードしてくれるのに、汗が出ないものだから脂で顔がギトギトになってしまう。

だから私は、「アトピーの方がどうすればきちんと汗をかけるようになるか」とずいぶん考えました。

お風呂に入るときに発汗《はっかん》を促《うなが》すビニールのボディスーツを着てみたり、ラッ

プを巻いてみたり……。

その結果、とにかく水をたくさん飲んで半身浴で汗をかくというシンプルな方法が、肌に一番効果があったように思いました。

そのうえで正しいスキンケアを続けることです。

人間の皮膚というのは半透明のガラスのようなものですから、表面ばかりを磨いてもダメなのです。内側と外側の両面を磨いて、はじめて透明感が出てきます。

その意味で、体内からうるおいを与えてあげるというのは、とても重要なことだと私は思います。

また、ストレスも体内の水分を奪うとか。みなさんには決して「枯れた女性」になってほしくないから、私はたっぷりの水を飲むという美容法をおすすめします。

## 新提案㊲——素敵な香水のつけ方を身につけましょう

クリスチャン・ディオールに在籍していたころ、私はある一時期、フレグランス・アドバイザーとして香水の普及活動をしていました。今でもたくさんの香水を自宅にストックしていて、気分によって使い分けています。

香水というのは実に奥が深くて、知れば知るほど楽しいものです。

たとえば、甘く芳《かんば》しい香りを放つ花に「白い花」が多いのは、なぜだか知っていますか。

派手な色の花に目を奪われがちなハチを香りで誘って、自分たちのもとに引き寄せるためなんですって。

また、今となっては笑って話せるこんなエピソードもあります。

男性用のフレグランスを宣伝するために、スタッフとユニークな作戦を立て

たことがありました。

化粧品カウンターに男性のお客さまが現れると、「この香りはいかがですか?」と言ってサッと手をとり、香水を男性の手首の内側に吹きかけるのです。そのときばかりは、一番かわいいスタッフにその役を任せる。

すると、手を握られた男性はそれだけで真っ赤。

さらに、香りを広げるために手首をもったまま逆の手で仰《あお》ぐ。そのときのしぐさも、いかにエレガントに見えるか、徹底的に研究したのです。

そして、決め手はこのセリフ。

「この香り、男性にももちろん人気があるのですが、女性がとても好きな香りなんですよ」

この斬新《ざんしん》なアイデアで、私が担当した店舗は全国でもトップクラスの売り上げをあげたのです。

常識的に考えると、男性の手をとって直接香水を吹きかけるなんて、まずないことです。おまけに、香りが広がるまで手を握り、エレガントなしぐさで香

りを拡散する。

香水を売るということは夢を売ることですから、私はこれぐらいの演出があってもいいと思うのです。何ヵ月か経つと、他のブランドもこの方法を真似ていました。

ただし、香水の使い方を間違っている人というのは、はっきり言って迷惑ですね。

お寿司屋さんで香水の匂いをプンプンさせていたり、咳《せ》き込んでしまうほど大量につけている人とエレベーターで乗り合わせたりすると、人をうっとりさせるどころか、不快にさせます。

だから私は、香水のつけ方として「空中にシュッシュッと吹きかけて、その中をくぐってごらんなさい」とアドバイスします。

そうすると、全身にまんべんなく、ほのかな香りを纏うことができるのです。

私はどちらかというとスッキリとした男性的な香りが好きですが、香りの好

みというのは人それぞれ。

それだけに、その人らしさを決めるものでもあるのです。

化粧品でもそうですが、香りが好きでなければ、その製品にどんなに効果があってもなかなか使い続けられないものです。でも好きな香りであれば、それだけで幸せな気分になれます。

みなさんもぜひ自分の香りを見つけ、それに陶酔《とうすい》してみてください。

## 新提案㊳—お取り寄せは「おすそ分け」の心で

私がもっとも幸せを感じる瞬間、それは私のお手入れを受けてくださった女性が、おもむろに鏡を覗《のぞ》き込んでニコッと満面の笑みを浮かべたときです。

わずか2時間半でここまで女性の表情を一変させてしまうこの仕事は、やはり辞《や》められません。最近では、「生きている限り、日本中の女性をきれいにし

続けたい！」とまで考えるようになりました。

これと同じように、思わず笑みがこぼれてしまうのが、美味しいものを口に入れた瞬間です。

私は、化粧品メーカーにいたころから全国を飛び回っていましたから、各地でたくさんの美味しいものに出会いました。

今のようにインターネットでお取り寄せなんていうシステムはありませんでしたから、電話をして取り寄せたり、本当に欲しいものは、わざわざ出向いて買いに行ったりもしました。亡き主人も美味しいものが大好きでしたから、よく2人で一緒に食べたものです。

もちろん今も美味しいもの好きは変わりませんから、お取り寄せ歴はざっと40年にもなるでしょうか。

それに、お手入れや取材などでサロンにいらっしゃった方に「こんなお菓子、ご存知ですか？」などと言ってさりげなくお出しすると、みなさん喜んでくださる。

その笑顔を見るのも大好きなのです。

だから、取り寄せるときには「余るほどに」がお約束。ちょこっと頼んで足りなくなるのはたまらなく寂しいので、たくさん注文していろいろな人と喜びを分かち合う。これが醍醐味《だいごみ》です。

そして、私は「旬」のものを大事にしたいといつも思っています。

旬のものというのは、その時期に一番美味しく、安く手に入り、しかも身体にもいいわけですから、ありがたくいただかない手はありません。

だから、毎朝食べるカスピ海ヨーグルトに旬のフルーツを添えたり、秋になると信州の小布施堂《おぶせどう》という老舗《しにせ》のお店から、秋限定の私の大好物、栗のお菓子を取り寄せたりしています。

今は冬でもテレビをつければ女子アナウンサーが半袖でニュースを読んでいたり、スーパーマーケットに行けば一年中スイカが置いてある時代です。

ですから、ともすると季節感がなくなってしまうんですよね。

だから、私は自分のまわりだけでも日々の移《うつ》ろいを感じていたいし、とくに毎日いただく食べ物は、いい加減にはすませたくないと思うのです。たとえ忙しくても、旬の美味しいものを食べるという意識はもっていたいものです。

人はきれいになるとニコッと自然に笑みがこぼれる。

美味しいものを口にすると、じわっと幸せがこみあげてくる。

そういうときの笑顔は、つくり物ではない、本当に美しい微笑みなのです。

その笑顔を見るために、私はこれからももっと多くの女性にきれいになっていただきたいし、また私自身も、心身ともにきれいでいたいと思うのです。

## 新提案㊴——自分のための香りと音を見つけましょう

私のサロンにいらっしゃるお客さまは、「ここに来ると、なぜかホッとしま

す」とか「月に一度、ここでお手入れをしてもらうのが生き甲斐《いがい》」なんて、おっしゃる方もいます。

50歳を過ぎたら、心からくつろげる場をもちたいというのが私の夢でしたから、確かに今のサロンは自分の理想に近い空間です。

大きな窓から見下ろす風景や、和風の家具で統一した室内、そして365日欠かすことのない花たちは、いつでも私を和《なご》ませてくれます。それに目に見えないもの、たとえば香りや音というものも、人を癒《いや》す大きなパワーをもっていると思うのです。

お香の中でも、私は白檀《びゃくだん》やお線香に近い自然な香りが好きで常備しています。ときにはお客さまに「おすそ分け」することもあります。

そして京都・尾張屋《おわりや》の「つきのわ」は、いまや「佐伯さんの匂い」と言われるほど「定番の香り」になってしまい、ファンも多いのです。

そして「音」ですが、サロンには音を立てて水が循環するオブジェを置き、またヒーリング・ミュージックをかけることも多いです。

人間は海から誕生したもの。また、お腹の中で羊水《ようすい》に浮かんでいたころを思い出させるから水の音は人をホッとさせるらしいのです。

リラックスできる空間と好きな香り、そして癒される音楽があれば、人は自然と肩の力が抜けていい表情になりますよね。

そして心からリラックスすれば、きっと身体も健康になるはずです。

都会にいると自然と触れ合う機会も少ないものですが、だからこそ、自分で気持ちのいい空間をつくる工夫をすべきではないでしょうか。

身近なものでいえば、家庭のお風呂でもいいと思うのです。部屋がゴチャゴチャしていても、ひとりになれる時間がとれなくても、お風呂の中なら自分の時間がもてるはずです。

さらにバスルームというのは、視界が比較的スッキリしていて、しかも「水」がある。リラックスするうえで、かなり好条件が揃っているのです。

ふだん忙しい方も、自分にとって一番居心地のいい空間を見つけて、毎日た

とえ5分でも、10分でもいいから心身を解放する時間をつくっていただきたいと思います。

## 新提案㊵——女は「外から」「内から」磨くものです

2003年6月にクリスチャン・ディオールを60歳で定年退職した私は、同年「美肌師・佐伯チズ」として新しいスタートを切りました。

「ひとりでも多くの女性をきれいにしてさしあげたい」

そんな願いから、「サロン・ドール・マ・ボーテ（マ・ボーテとは『私だけの美容』という意味）」というサロンを開き、かつて帝国《ていこく》ホテルに構えていたクリスチャン・ディオールのエステティック・サロンと同様に、1日2名限定で、じっくりとお手入れを続けさせていただいています。

帝国ホテルのサロンでは「1年待ち」という予約状況が伝説のように語られ

ていましたが、実は現在のサロンも同じような状態に。

先日、ついに予約待ちの方が400名を超え、私としてはどうにかして一日も早く、みなさんにお手入れをしてさしあげたくて、日々心苦しい思いをしております。

そこで、より多くの方にサロンを利用していただきたいのと、未来の「美肌師」を育てるために、東京・代々木《よよぎ》に地下1階、地上10階建ての総合美容タワー、「ビューティー・タワー」をオープンすることになりました。

そこでは、私のサロンはもちろんのこと、私のもとで教育を受けたスペシャリストが、フェイシャル・エステからボディマッサージ、そしてアーユルヴェーダに至るまで、幅広く施術《せじゅつ》させていただくつもりです。

またシャンプーだけを専門に行うフロアや、漢方の相談を受けられるクリニック、さらに未来の美肌師を育成するためのスクールも開校の予定です。

私は、そこで多くの方々にきれいになっていただくうえで、とくに力を入れ

て広めたいと思っているのが、「チャモロジー（魅力学《みりよくがく》）」という考え方です。今では「チャーミング」という言葉もあまり聞かなくなりましたが、今こそ情報に流されずに立ち止まって、真の女性らしさ、美しさというものをみなさんに考えていただきたいのです。

それは「外見」と「内面」の両面からきれいになることであり、また「皮膚」と「筋肉」の両面から肌をケアするということです。

きれいになるというのは、決して単純なことではないと思うのです。ただエステに通っているとか、高級なクリームを使っているとか、そういう表面的な美容というものは、案外、もろいものです。

それよりも、年齢を重ねてシワの刻まれた肌でも何かキラリと光るものをもっている女性のほうが、真の意味で美しい。そう私は思います。

私はこれまでに数多くの女性と接してきましたが、きれいにメイクをした女性が、いきなりバッグをドスンと床の上に置いたり、顔のお手入れはパーフェ

クトなのに、下着にはまったく無関心だったり、そういう光景にどこか違和感《いわかん》を抱いていました。

やはり女性は、行動から生き方、表情まで含めて、トータルで美しくなければ本当にきれいだとは言えないと思うのです。

コーヒーカップに口紅をベッタリとつけて平気な顔をしている女性、会食の場で香水の匂いをプンプンさせている女性、ミュールで大音量を立てながら歩く女性……。

そういう女性を見るたびに、私は改めて「チャーミング」とは何かということを考えてしまいます。

日本中の女性が今よりももっときれいに輝くための、夢の「ビューティー・タワー」。その完成が今、私をもっともワクワクさせていることのひとつなのです。

## スキンケア一問一答

**Q　美肌をつくるために効果のある食材を教えてください。**

**A**　果物や野菜、海苔、ヨーグルト、豆類、ゴマなどがおすすめ。栄養素でいえば、ビタミンC、Eがとくに肌にはいいといわれています。油っぽいものや塩分、お酒は控えめに。タバコは肌のために百害《ひゃくがい》あって一利《いちり》なしです。私は健康のためにも、常にバランスのよい食事を心がけています。

**Q　肌のためによい睡眠法があれば教えてください。**

**A**　ゆっくりとお風呂に浸《つ》かったあと、午後10時から午前2時の間にはベッドにいるようにするのが理想的。この時間帯は女性ホルモンの働きが活発になり、肌の再生を促《うなが》すからです。また、私は首にシワをつくらないよう、できるだけ仰《あお》向《む》けに寝るように心がけたり、枕もいろいろ試しています。

**Q　エステティック・サロンによく行きます。行った日の翌日くらいまでは肌にもハリがあるのですが、長持ちさせる秘訣《ひけつ》はありますか？**

**A**　エステを受けている最中に、エステティシャンがどのようにお手入れをしているか意識的に覚えるようにして、自宅で真似てみるのです。気になる部分は、「ここにはどんなケアをすればいいですか」と尋ねてみましょう。

**Q　町でよくエステティック・サロンの看板を見ますが、信頼のおける、安心して入れるサロンの見分け方があれば教えてください。**

**A**　器械や薬に頼らず、ハンドテクニック中心のところは比較的安心。注意したいのは物販が目的のサロン。心配なら「商品を買わなくてもいいですか？」と事前確認を。初心者の方にはデパート内のエステがおすすめです。

# 第5章　結果がすぐ出るスキンケア法

## 新提案41 朝と夜の正しいお手入れ方法を覚えましょう

化粧水にはじまり美容液、クリームまたは乳液と、スキンケアの流れにはひとつのルールがあります。だからといって、常に決まった化粧品を同じように使っていればいいというものではありません。

一日のうちでも肌の状態は変化しますから、本来は時間帯によっても化粧品やその使い方を替えるべきなのです。

先にも述べましたが、朝はこれからはじまる一日に備えるためのケアです。テレビで天気予報を見て、その日に着ていく洋服を選ぶように、朝起きて肌チェックをしたら「肌予報」を立ててみてください。

「今日は午後からテニスをするから、紫外線対策は万全にしよう」「冷房のきいた教室で一日中授業を受けるから、今日は乾燥に気をつけなくちゃ」という具合に、今日一日をシミュレーションして、朝のスキンケアを決めるようにし

## 朝と夜のお手入れ手順

### 朝

| | | |
|---|---|---|
| 1 | 洗顔 | 夜のケアで栄養分がしっかり浸透していれば、洗顔料を使わず、ぬるま湯洗いだけでも十分。 |
| 2 | 化粧水 | 朝、ローションパックをすると毛穴が引き締まり、その日1日の化粧のもちが違います。 |
| 3 | 美容液 | 朝の肌の感触で、水分補給なら保湿、毛穴引き締めなら美白と、つけるものを決めます。 |
| 4 | 乳液またはクリーム | 肌の奥に入れ込んだ美容液の栄養分を、上から乳液かクリームでしっかりと閉じ込めます。 |
| 5 | 下地クリーム | メイクのベースとして、紫外線予防や美白効果のあるものを、肌になじませるように塗《ぬ》ります。 |
| 6 | ファンデーション | リキッド・ファンデーションをきちんと塗り、上から白粉《おしろい》をつければ、化粧くずれしません。 |

### 夜

| | | |
|---|---|---|
| 1 | クレンジング | スキンケアの中でもっとも大切なクレンジング。ミルクかクリーム状のものを使いましょう。 |
| 2 | 洗顔 | クレンジングできちんとメイクと汚れを落とせば、洗顔料は不要です。ぬるま湯洗顔で十分。 |
| 3 | スクラブ | 1～2週間に1度、古い角質を落とすと肌が明るくなり、栄養分が入りやすくなります。 |
| 4 | 化粧水 | ローションパックで肌表面を整え、次にくる美容液が入りやすいよう、通り道をつくります。 |
| 5 | 美容液 | 睡眠中に栄養分が肌の奥に浸透しますから、肌が何を欲しているのかしっかりと見極めて。 |
| 6 | 乳液またはクリーム | 入れ込んだ栄養分が逃げないようにフタをします。乾燥が気になる方にはクリームがおすすめ。 |

ます。

私の場合、肌チェックの結果によっては化粧水を省《はぶ》くこともありますし、美容液を2種類使うこともある。そうやって柔軟《じゅうなん》にプログラムを組むことができれば、ムダに化粧品を使うこともなくなります。

一方、夜はその日一日を振り返って、紫外線や汗、乾燥、タバコの煙などでダメージを受けた肌を「修復」してあげる。

朝に比べて比較的、時間にも余裕があるはずですから、パックやスクラブ洗顔、リンパマッサージなどをして、翌日に備えて肌をリセットしましょう。

私は疲れて帰宅した夜には、クレンジングをしてすぐにお風呂に入り、そこでスクラブ洗顔やローションパックをしたり、バスタブの中でストレッチをしたりします。

また、朝ホワイトニング美容液をつけたら、夜には保湿美容液を使うという具合に、朝と夜で化粧品を替えて、お手入れにメリハリをつけることも忘れま

せん。

こうして肌に気配りをすることが、肌を愛《め》でるということ。そして、愛でれば必ず肌はそれに応えてくれる。その喜びを一度味わったら、スキンケアはどんどん楽しくなっていくはずです。

## 新提案㊷――美容液にも匹敵する「ローションパック」

最近、あちこちのブランドからフェイスシートというものが出ています。そう、顔の形に合うようにシートが切り抜かれていて、化粧水や美容液の成分が染み込ませてあるものです。

コレ、一見とても便利なものに見えますが、いくつかの落とし穴があるのをご存知ですか？

まず、顔の大きさには個人差があるから、同サイズのものでは必ずフィット

しない人が出てくるということ。

顔の小さい人は、「もったいないから」と言って、はみ出た部分をはさみで切り取って足りない部分に当てたり、はみ出た部分を内側に折り込んだり。逆に手間がかかってしまいますね。

またフェイスシートは通常、1枚ずつ個別包装されており、それなりに値も張るもの。中には、1度使ったものを袋に戻して再度使うなんて人も。これは、衛生面で絶対にしてはいけないこと。かえって肌を汚《きたな》くします。

ざっとあげただけでも、これだけの不都合があります。

さらに、目、鼻、口の部分は、安全性を考えて大きめにくりぬかれていますが、これもちっとも親切ではない。もっともケアしたい目と口のまわりが十分にカバーできていないでしょう。

よって、私はフェイスシートを使いません。

それよりもずっと安くて手軽で、しかも顔にぴったりフィットする「ローションパック」があるからです。

## 3分間の万能ローションパック

①水で湿《しめ》らせたコットンに500円硬貨大の量の化粧水を含ませます。

②化粧水を全体になじませたら、コットンを5枚に縦に薄く割きます。

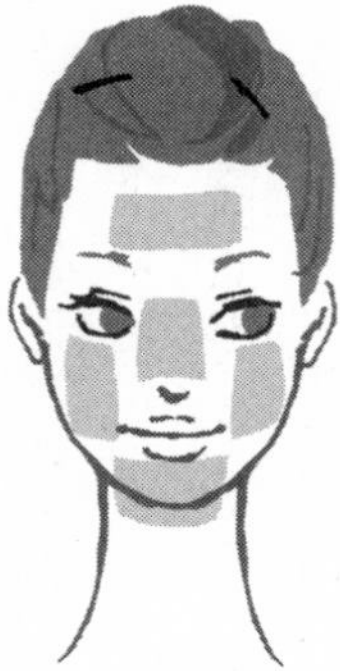

③額、鼻、両頬《ほお》、アゴにその薄く割いたコットンをのせます。横に引っ張るといくらでも伸びますので、広い面を覆《おお》うようにしましょう。

つくり方は簡単。まず、7×8センチメートルほどの大きめのコットンを用意します。なければ、薬局でカット綿を買ってきて、はさみで半分に切ればOKです。

それを水で濡《ぬ》らして軽く絞《しぼ》り、化粧水を500円玉大を目安に垂らします。化粧水をコットン全体になじませたら、それを薄く5枚に割《さ》きます。薄く割くことによってコットンが1枚ですむばかりでなく、手で横に引っ張って伸ばしながら肌にあてると、ピタッと密着するのです。

これで額、鼻、両頬、アゴにのせれば、立派なオーダーメイドのフェイスシートの完成です。

顔にのせたらそのまま3分間。さらに上からラップを被《かぶ》せれば、体温によるスチーム効果でさらに肌はプルプルに。私は「ローションパックは美容液にも匹敵する」と言っています。それくらい肌にうるおいが出てキメが整います。

ただし、ラップを被せない場合は、「3分」という時間は必ず守ってください。それ以上おくと、水分がコットンに戻ってしまい、逆効果になります。

## ラップパックでさらにプルプル肌

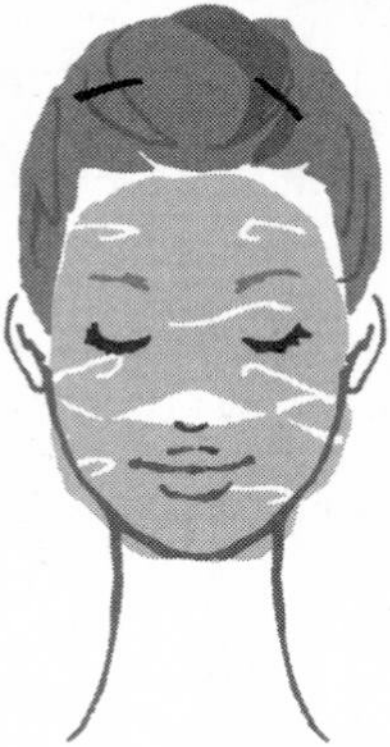

ラップを2枚使う方法。呼吸できるよう、下のラップは少し浮かせます。ラップを被せれば3分以上おいても大丈夫。

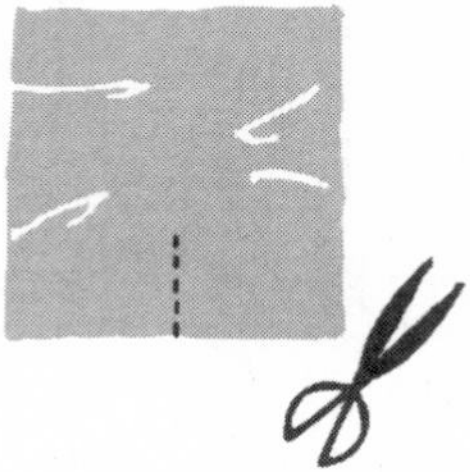

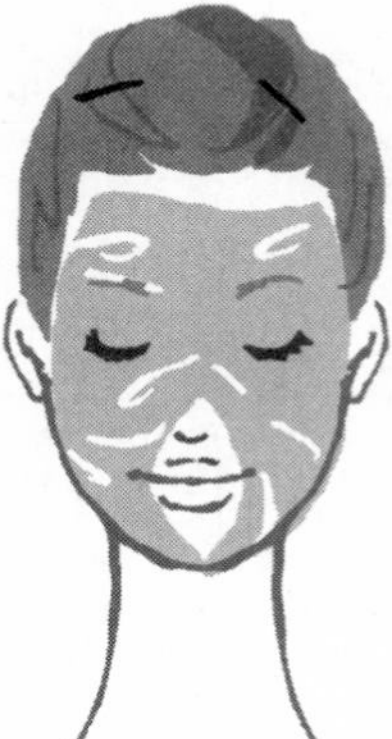

ラップ１枚で覆う場合、切り込みを入れ、口と鼻を出して呼吸します。吐く息と体温がスチーム代わりになります。

## 新提案㊸――数百円のウォーター・スプレーで肌が変わります

ローションパックをはじめ、私の考案したスキンケアにはお金をかけず、自宅にいながらエステティック・サロン並みの効果が得られるものが、たくさんあります。

これもそのひとつ。佐伯チズ式ウォーター・マッサージは、水の力で肌を活性化させるという、とっておきのスペシャル・ケアです。

用意するものは、100円ショップなどで売っているスプレー容器、もしくは鶴頸《つるくび》スポイトと水だけ。水はコンタクトレンズの洗浄などに使う精製水《せいせいすい》があれば、なおいいです。

スプレー容器を使う場合は、ある程度の勢いで水が出るものを選び、顔の筋肉の流れに沿ってまんべんなく水を吹きかけていきます。

一見、ただ肌の表面に水をかけているように見えますが、5〜6分ほど時間

## 水の力で肌力は即復活

額、右目のまわり、右頬、口元、左頬、左目のまわり、鼻筋の順に、筋肉の流れに沿って吹きかけます。水分を含むと肌がふっくらして、毛穴が引き締まります。

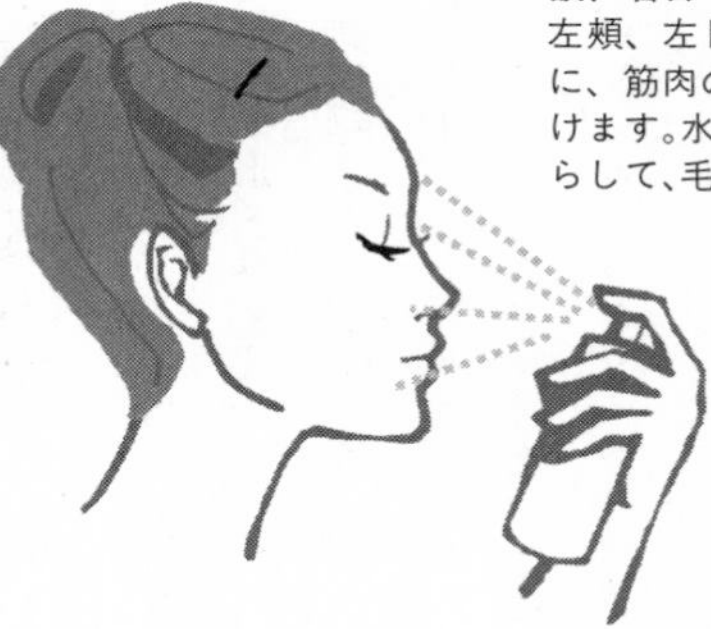

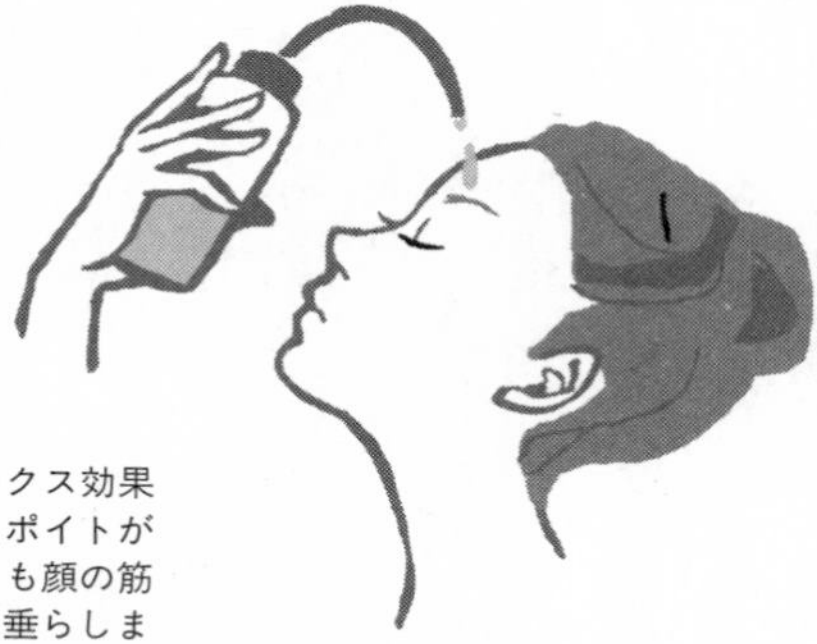

よりゆるやかでリラックス効果が欲しい方には鶴頸スポイトがおすすめです。こちらも顔の筋肉の流れに沿って水を垂らします。心地よく肌がうるおいます。

をかけて、何度もスプレーを往復させていくうちに表情筋《ひょうじょうきん》がほぐれ、毛穴が引き締まり、さらに水分がどんどん肌に吸収されてプルプル肌になります。

プルプル肌になるということは透明感が増すということ。また毛穴が締まればキメが細かくなり、メイクのノリも格段にアップします。

次は、鶴頸スポイトを使うバージョン。

これも雑貨屋さんなどで手軽に購入できるものです。やはり、水か精製水をたっぷりと入れ、顔の筋肉の流れに沿ってまんべんなく給水していきます。

さきほどの爽快《そうかい》なスプレーとはまた違って、ゆるやかな刺激が心地よく、思わず眠りに誘われそうなリラックス感が得られるものです。

ともに、バスルームなど水で濡れてもいいスペースで、容器1本分を使い切る気持ちでじっくりと行いましょう。

火照《ほて》りやくすみ、乾燥、肌疲れなど、あらゆるトラブルから肌を救ってくれるウォーター・スプレー。1回わずか数百円でエステ並みの効果が得られるのですから、ぜひパーティやデート前夜の「恒例行事《こうれいぎょうじ》」にしてみてください。

## 新提案44―たるみに効く万能「V字塗り」を覚えましょう

みなさんは、顔のどの部分から化粧品を塗りはじめますか？

頬からつける方、額から下に向かって塗る方、鼻から広げていく方など、さまざまだと思います。

専門的なことを申し上げると、顔の筋肉の流れに沿ってつけるのが理想ですが、これではどうしても「面倒《めんどう》くさい」という気持ちが先に立ってしまう。スキンケアが嫌《きら》いになってしまっては本末転倒《ほんまつてんとう》ですから、私は失敗のない化粧品の塗り方として、「V字塗り」をおすすめしています。

やり方はいたって簡単です。

たとえばクリームなら、まず顔の5点（額、両頬、鼻、アゴ）にクリームをのせ、アゴの中心から「V字塗り」をスタートします。

①両手の指の腹を使って、アゴの中心から耳の下へクリームを広げる
②鼻から頬を通って耳の横へクリームを広げる
③目頭から頬を通ってこめかみへクリームを広げる
④鼻柱を上に向かってさすりながらクリームを塗る
⑤額の中心から外へクリームを伸ばしていく
⑥額の中心から鼻柱を下に向かってさする
⑦最後に、小鼻や口のまわりなどの細部にクリームを塗り込む

こうすると、クリームがまんべんなく塗れるだけでなく、V字を描くことで自然に顔をリフトアップしていることになります。

しかもこの「V字塗り」は、クレンジングから化粧水、美容液、乳液、クリーム、リキッド・ファンデーションに至るまで、すべてに応用できる方法です。これを朝晩続けたら、たとえ1ヵ月でもすごいリフティング効果ですよ。

さらにたるみをケアしたいなら、こんな方法を。

## V字塗りの基本は「下から上」「内から外」

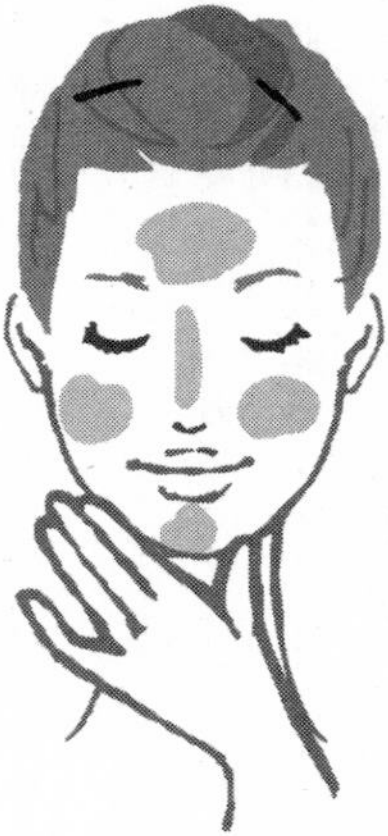

①手に取った化粧品はまず、自分の手のひらでよく温めてから、額、両頬、鼻、アゴの5点につけます。

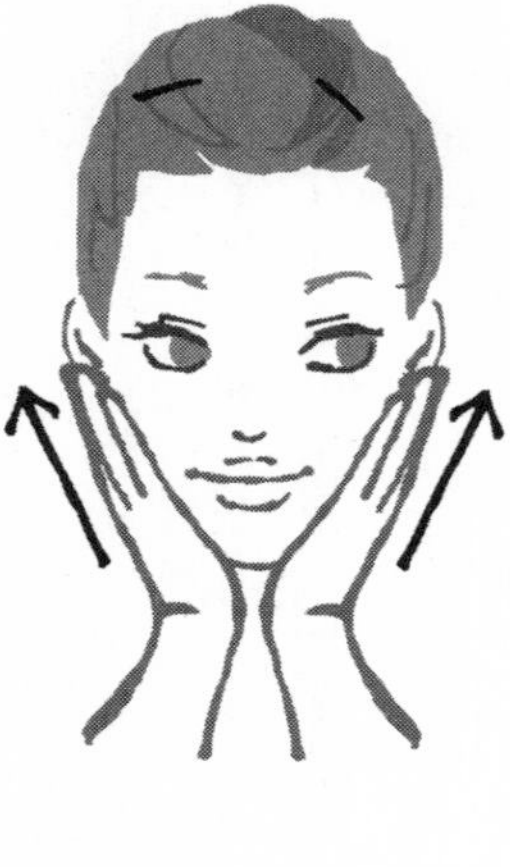

②両手のひらで顔を包み込みます。そして筋肉を下から上に持ち上げたり、内から外へ引っ張ったりします。

まずは引き締めパックです。

このパックの利点は、即効性があること。だから、疲れた日の夜にやってもいいし、外出前に鏡を見たときに「顔がたるんでいるなあ」と感じたら、急いでやってもいいのです。

すぐに効果を出してくれるはずです。

また、両手のひらで頬を包み込んで引き上げる「リフトアップ」、大きく口を開けて「アエイオウ」と発声する「アエイオウ運動」など、たるんだ顔を物理的に引き上げるという方法もあります。

とにかく基本は「上へ！　上へ！」という意識をもつこと。

1日3回なんて決めなくてもいい。私はテレビを見ているときでも、コーヒーをいれている間でも、思い立ったらいつでもリフトアップをして、たるみを防止しています。

## 新提案㊺ リンパマッサージで体内からきれいに

美容雑誌に必ずと言っていいほど登場する言葉に、「新陳代謝《しんちんたいしゃ》」があります。

私が1日2リットルものミネラル・ウォーターを飲み、トイレに何度も行って老廃物《ろうはいぶつ》を排出するのも、スクラブ洗顔をして角質を除去するのも、すべて新陳代謝を促《うなが》すため。それぐらい、古いものを身体に溜《た》め込んでおくのは肌によくないことです。

だからフェイシャル・エステを行うときに、私は必ずお客さまにブラジャーを取っていただき、リラックスした状態で鎖骨《さこつ》までをマッサージし、老廃物を取り除いていきます。

この「解毒《げどく》ケア」に不可欠なのがリンパマッサージです。

私たちの身体には「リンパ管」というものが張り巡《めぐ》らされており、その中を

「リンパ液」が流れています。

リンパ液は体内のすみずみを回って老廃物を運んできては、「リンパ節」という中継地点でそれを処理するのです。

ところが、その働きが悪くなると毒素が体外へうまく排出されずに、身体の中に滞《とどこお》ってしまいます。

そうすると、肌には「むくみ」や「くすみ」というトラブルが生じてくるのです。

もっとも、全身のリンパマッサージをして体内の毒素を徹底的に追い出すのが一番ですが、時間がないときには、顔の周辺をマッサージするだけでもずいぶんスッキリとしてきます。

顔の周辺でいえば、耳たぶのうしろのくぼみ（耳下腺《じかせん》）、首の両側、鎖骨のくぼみ、脇の下などに「リンパ節」があります。ここを軽く押さえてほぐし、さらに老廃物をそこに流し込んでいくようにマッサージをすると、むくみやくすみを撃退《げきたい》する「解毒ケア」ができます。

## 肌をきれいにするリンパマッサージ

①親指の腹でアゴの裏側を中心から耳の付け根に向かってグッと押します。

②耳たぶの後ろのくぼみ、「耳下腺」に溜まった老廃物を中指の腹で押し出します。

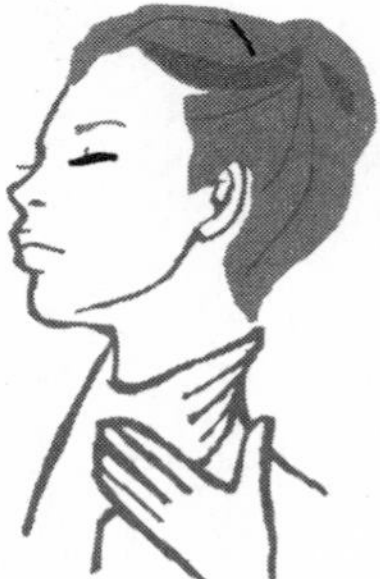

③手のひらで首をつかみ、首の両側にあるリンパ管を伝って老廃物を押し流します。

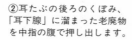

どこでも簡単にできるリンパマッサージは、トップモデルといわれる方たちも移動の飛行機内でよくやっているとか。また入浴中にリラックスしながら行えば、効果もテキメンです。

## 新提案㊻―オイル系トラブル撃退には、まず水分補給！

いわゆるオイリー肌といわれる方が陥《おちい》りやすい間違いケアは2つあります。

まずは、顔の洗い過ぎ。

オイリー肌の方は、顔がベタベタするのを極端に嫌いますから、とにかくよく洗顔をする。クレンジング時のダブル洗顔はもちろんのこと、お風呂に入っても2回、3回と洗い、スクラブ洗顔も大好きです。

でも実際は、「取り過ぎる」ことによって肌は悲鳴をあげ、かえって脂《あぶら》を出しているのです。

以前、テレビ番組でこんな実験をしていました。

背中の右半分だけに思い切りアカすりをしてから、背中全体に薄い紙をあてたら、アカすりをしたほうだけがじっとりと脂で濡れて、紙がピタリと張り付いてしまったのです。

これは、どういうことか。

ガードをなくした肌が、何とか自分を守ろうと、必死で脂を搾《しぼ》り出したということです。同様に、過剰な洗顔は皮脂分泌を促してしまうということです。

それに気づかずに洗顔を繰り返していると、それこそ取り返しのつかないことに……。

2つ目の間違いケアは、「与えない」ことです。

ギトギト肌の方は、とにかく取ることばかりに意識が集中して、「与える」ということを怠《おこた》りがち。でも、よく考えてみてください。

理想肌というのは、水分と油分のバランスがうまくとれている状態を言うの

です。だったら油分の多い人は「水分」を足してあげればいいわけでしょう。

よく見ると、オイリー肌の方というのは「顔がギトつく」と言いながら、Tゾーン以外の部分は皮がむけていたりするのです。

顔全体の水分バランスを整えるためにも、水分を補給しながらキメを整えるローションパック（177ページ参照）をおすすめします。

さらにオイリー肌の必需品、「あぶらとり紙」は脂をこすり取るだけで、かえって水分不足を際立たせるもの。気になる皮脂は、濡らして絞ったコットンで軽く拭《ぬぐ》い取りましょう。

## 新提案㊼――3段パックでシミは確実に薄くなります

日に当たった翌日に出てくるシミ。長年かけて少しずつ濃くなるシミ。肌の奥に潜伏《せんぷく》していたものが浮上して出るシミ。

## Tゾーンの脂浮き対策

脂浮きが気になる部分に重点的にローションパックをして肌のキメを整えます。朝晩やると、よりいっそう水分補給ができます。

新陳代謝が悪くなると水分・油分のバランスが崩れるので、春夏は週1～2回、秋冬は10日に1回、スクラブ洗顔をして角質ケアを。

ひとくちにシミと言っても、タイプはいろいろです。

中には病気によるものもあるので、心当たりがないのに突然シミが出てきた場合にはお医者さんに相談しましょう。

さて、シミはシワやたるみと並んで「老《ふ》け顔」をつくる要因のひとつです。でも、シミがあるからといってあきらめることはありません。だって、シミはいくらでも毎日のお手入れで薄くすることができますから。

私はコンシーラーで必死になって隠し続けるよりも、シミそのものを薄くするスキンケアをしたほうが、長い目で見ると絶対に賢《かしこ》いと確信しています。

ここでは、大きく「濃くて深いシミ」と「薄くて浅いシミ」に分けて、「シミ抜き法」をお教えしましょう。


まず、濃くて深いシミ。

これは、ちょっとやそっとでは薄くなりませんので、根気よくこんなパックを続けてみてください。名づけて「佐伯チズ式・美白3段パック」です。

## シミに効果的なお手入れ法

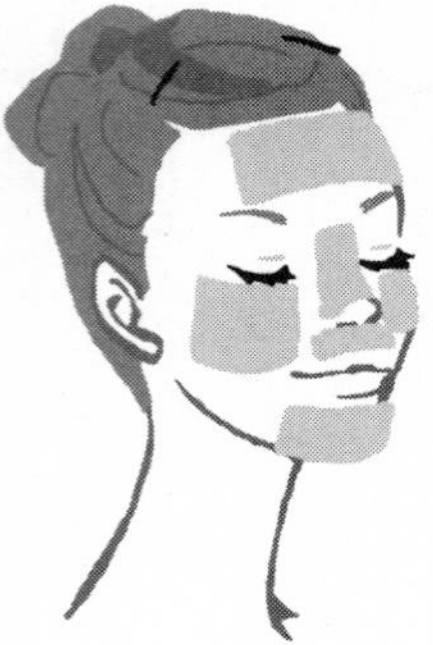

①まずローションパックで
肌表面のキメを整えます。
(177ページ参照)

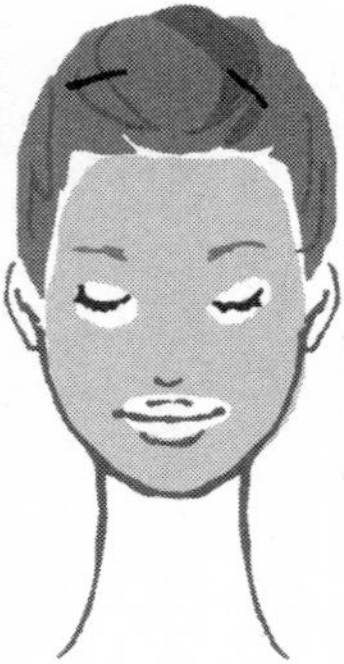

②美白パックをして、肌の
中に潜んでいるメラニン色
素を、肌表面に吸い上げます。

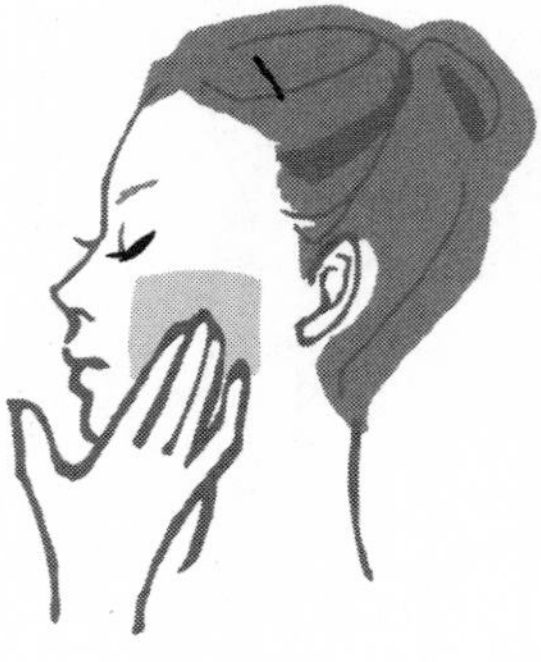

③シミに直接ビタミンCパ
ックをして、浮き上がった
メラニン色素をキャッチ。

①化粧水を使ったローションパック
②美白パック
③ビタミンCパック
これをできれば毎日、続けて行います。

また、薄くて浅いシミには以下の2段パックで対処します。
①ローションパック
②美白パック
ローションパックは、肌表面の状態を整えて次の化粧品が真皮《しんぴ》まで届くように「通り道」をつくる役目をします。

次に、美白パックでシミの正体であるメラニン色素《しきそ》を肌表面まで吸い上げる。濃くて深いシミなら、ダメ押しでシミの部分にビタミンC入りの美容液を直接つけたあと、水で濡らして軽く絞ったコットンにも含ませ、上からはります。そうしてパックをして、浮上してきたメラニン色素をキャッチします。

また、新陳代謝の衰《おとろ》えもシミの原因になります。顔の筋肉運動をして細胞を

活性化させたり、角質ケアをしたりするなど、ふだんからシミができにくい肌環境をつくっておくことも肝心《かんじん》です。

## 新提案㊽「タテヨコ運動」でシワは確実に消えます！

洗いざらしのハンカチをクシャクシャにしておくと「もみジワ」が寄ります。折りたたんでおくと「折りジワ」ができます。

言ってみれば目の下の「ちりめんジワ」はもみジワ、目尻の「カラスの足跡」や口元にハの字にできる「くっきりジワ」は、折りジワです。

ハンカチに縦のシワが入ったら横に引っ張るように、シワのばしの基本は「シワと反対方向に引っ張る」こと。

要は、繊維《せんい》に刻まれた「クセ」を解きほぐしていくわけです。

それを踏まえたうえで、佐伯チズ式のシワのばしケアをお教えしましょう。

まずは、「ちりめんジワ」のケアから。

ちりめんジワの大きな特徴は、一方向ではなく、あちこちに向かってシワが寄っていること。原因としては、真皮に元気がないために表皮《ひょうひ》がしぼんでしまったり、水分不足などが考えられます。

そこで、真皮を活性化しながら表皮のシワを伸ばすケアをします。

必ず片方の手でシワを開きながら、もう片方の手の指先でアイ美容液やアイクリームをトントンと入れ込んでいきます。

これを根気よく続けると、肌はたっぷりと栄養分を含み、しぼんでいた皮膚もふっくらとしてきます。


次に「カラスの足跡」のケア。

目尻にできる「カラスの足跡」ですが、この正体は、目尻から外に向かってできる表情ジワです。これは水分と油分がともに不足していることが多いの

## 目元のシワに効果的なお手入れ法

目元のケアで大切なことは、必ず目尻から目頭に向かって美容液やクリームをやさしくすり込むことです。その時、目尻を反対の手で押さえ、軽く外側へ引っ張るように意識します。そしてケアは左右交互に行いましょう。

で、朝は美容液、夜はアイクリームを塗って両方を補《おぎな》います。

その際、片方の手で目尻を外側へ引っ張りながら、反対の手の指先で化粧品を「目尻から目頭へ向かって」やさしくすり込んでいきましょう。

さらに、額、眉間、口元の「くっきりジワ」。

これも「シワと反対方向に」が鉄則ですが、深く刻まれたシワはとくに、筋肉をつまんでほぐしていくように意識します。

額の横ジワは縦に、眉間の縦ジワは横に、さらに口元の縦ジワも横に、という具合に、シワが消えるよう、シワと反対方向に指で皮膚をつまんで、肌についてしまった「クセ」を直していく。

これを私は「タテヨコ運動」と呼んでいます。

それを終えたら、指の腹でシワを上から押さえ、外へ外へと引っ張ります。

人には表情がありますから、シワができるのは当たり前。でも、動かした肌を放ったらかしにするか、こまめにリセットするかでシワの出方《でかた》というのは大きく違ってきます。

## 眉間と口元のシワに効果的なお手入れ法

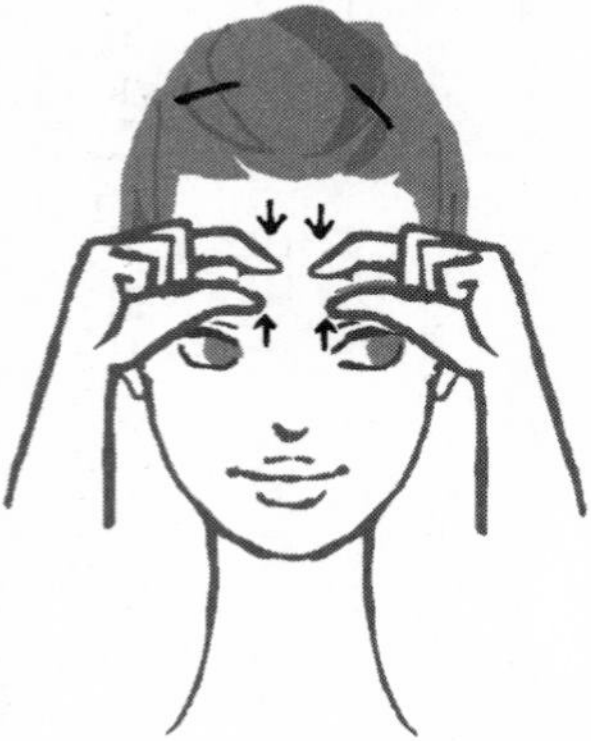

眉間の縦ジワは、まずシワを横につまんで筋肉をほぐし、そのあと指の腹でシワを押さえながら外側へ引っ張ります。

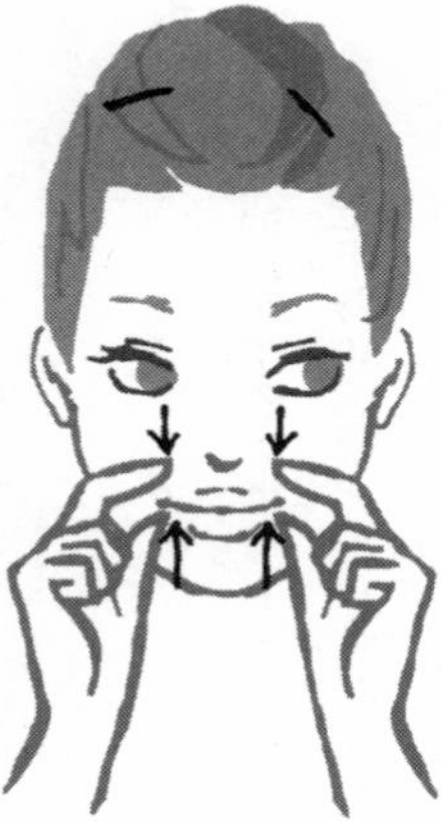

口元の縦ジワは、シワが消えるように皮膚を横につまみ、よくほぐしてからシワ全体を指の腹で外側へ引っ張ります。

## 新提案㊾――「トロリ系」化粧品でカサつき対策を

エアコンの普及によって、いまや冬だけでなく1年中、女性が乾燥に悩まされるようになりました。

冬のカサつきにはみなさん敏感ですぐにケアをするのですが、夏はどうしても保湿ケアをサボってしまいがち。でも乾いた肌は日焼けをしやすく、シミやシワの原因になるので、やはり年間を通して保湿ケアをしていただきたいと思います。

保湿対策には何といってもまず「水分」。

ミネラル・ウォーターなどで体内から水分補給をするのはもちろんのこと、ストレスを溜め込まない、塩分の多い食事を控《ひか》えることなども大切です。

一方、スキンケアにおいては、ローションパック（177ページ参照）がおすすめです。

ローションパックまたはラップパック（181ページ参照）で肌表面をうるおわせ、さらに通り道をつくることで美容液の浸透をよくします。

ただし、水分ばかり与えていても肌はすぐにまた乾燥してしまいます。

そこで、真皮まで届いてカサつきケアをする美容液を起用。とくに、顔全体の水分と油分のバランスを整えるエッセンスタイプやジェルタイプのものがおすすめです。どちらかというと、トロリとした感触のものですね。

さらに、乳液ではなくクリームを使って美容液成分を肌の中に閉じ込めることや、化粧品の浸透をよくするための角質ケアも忘れないでください。

でも、「今すぐに、みずみずしさやツヤを出したい！」というときは？

メイクでこんな工夫をしてみてはいかがでしょうか。

①リキッド・ファンデーションはクリーム・タイプを使用

②白粉《おしろい》をつけない

③口紅の上にリップグロスをつける

この3つだけで、パーティ会場でも映える立派な「ツヤ感」が生まれます。

肌の水分をキープするための必勝法は、トロリ感のある化粧品を使うこと。乾燥が気になる方は、しっかり肝《きも》に銘《めい》じておいてください。

## 新提案㊿―「くすみ」は肌の内と外からケアしましょう

肌というのは、よくも悪くも体調をダイレクトに反映するモニターのようなもの。とくに「くすみ」に関しては、睡眠や食事、精神状態などが密接に関係しているので、改善には体内ケアが不可欠です。

私の場合、きちんと食事が摂れなかったり寝不足だったりすると、翌朝の「顔チェック」で必ず、自分のくすんだ肌と対面することになります。

そういうときは、「今日はくすみ対策の日」と決めてしまいます。

まず、朝食には「くすみ改善サラダ」をつくります。

トマト、ブロッコリー、ホウレンソウ、アスパラガスなど15種類ほどの緑黄色野菜を使って、ビタミンCとビタミンEたっぷりのサラダをつくり、ゴマのドレッシングをかけます。

また、そば粉でつくったパン、ヨーグルト、トマトジュースは朝食の定番メニューで、もちろん美容と健康にいいのです。

さらに、夜はゆっくりとお風呂に入る、十分な睡眠をとる、好きな音楽を聴いてリラックスするなどして、体内のストレスをなくす。スキンケアはそれを肌表面から補っていくものです。

くすみ対策のお手入れといえば、ホワイトニング化粧水によるローションパックとホワイトニング・マスクがおすすめ。部分的にくすんでいるなら、その部分だけにビタミンCパックをするのも効果的です。

また、古い角質が溜まっていると肌がくすんで見えますから、スクラブ洗顔をして角質除去をすることで肌色が一段、明るくなります。加えて、リンパマ

ッサージ（189ページ参照）で老廃物を流し出したり、顔のツボを刺激して血行をよくしたりするのも効果的です。

とにかく、くすんだ肌を翌日に持ち越さないように、速攻ケアをするのが鉄則です。

ちなみにくすみを進行させるのは、顔そりやスポンジによる肌への刺激、不完全なクレンジング、塩分の多い食べ物、タバコなどです。

これらの要素をひとつずつ意識的に避けるようにすれば、肌は必ず透明感を取り戻していくでしょう。

## くすみに効果的なお手入れ法

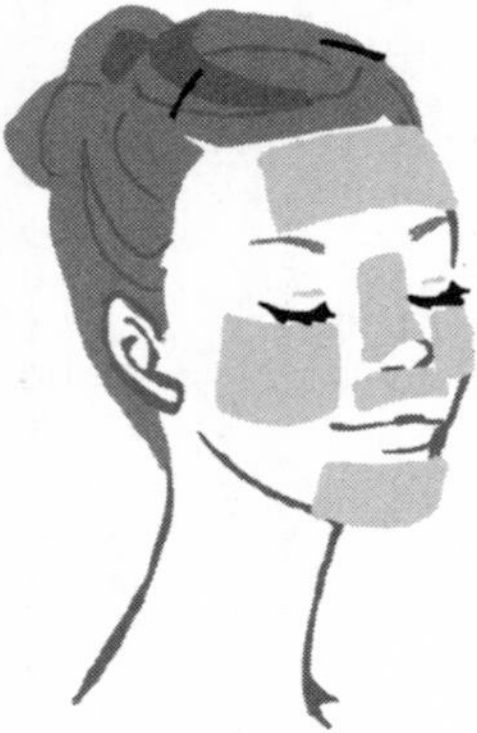

①まずホワイトニング化粧水でローションパック。肌表面のキメを整え、次の美容液の浸透を助けます。(177ページ参照)

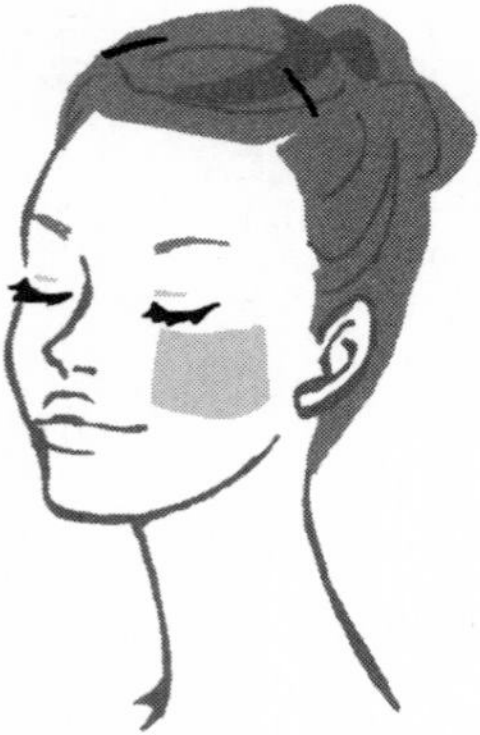

②水で濡らして軽く絞ったコットンにビタミンC入りの美容液を浸し、とくにくすみが気になる部分に直接はりつけます。

## スキンケア一問一答

**Q 日焼け止めクリームやSPF数値の高い下地クリームを塗ると、肌がパサつきます。これ以外に紫外線をカットする方法はありますか？**

**A** SPF値の高いクリームは乳液と混ぜて使うと肌によくなじみます。また現在のリキッド・ファンデーションはUV効果があるものがほとんど。肌にのせたSPF値の合計が20～25もあれば、通常の日焼け対策には十分。

**Q シミができにくい肌はどのようにすればつくれますか？**

**A** UVクリームで肌を保護するのはもちろん、ローションパックや美容液で保湿を心がけましょう。水分を多く含む肌は、日に焼けにくい＝シミができにくいからです。また定期的に角質ケアをして新陳代謝を促《うなが》し、肌の奥に眠るシミの元凶、「メラニン」を浮上させ美白パックで吸い出します。

**Q　寝不足で目の下が黒っぽくなりがちです。「顔が疲れて見える」と周囲の人にも言われます。即効く目の下のクマを消す方法を教えてください。**

**A**　化粧品で消すのは困難ですが、毒素を追い出して新陳代謝を促すリンパマッサージなら効果は期待できます。しかし、できてしまったクマはなかなか消えないもの。普段から睡眠不足や塩分の摂りすぎに注意しましょう。

**Q　お酒やタバコは肌のためによくないのでしょうか？**

**A**　多少のお酒は健康にいいと言いますが、飲み過ぎは身体を酷使《こくし》するだけでなく、睡眠不足や不完全なクレンジングの要因になりますので、あくまでも適量を。また、タバコに含まれるニコチンはビタミンCを破壊するので、肌にはまったくよくありません。

# おわりに

先日、出演させていただいたあるテレビ番組で、こんな企画がありました。肌がボロボロだという主婦の方おふたりに、1週間、佐伯チズ方式のスキンケアを続けていただき、開始前後のデータをとるというものでした。そうしたら、スタッフも驚くほどの効果が出て、おふたりとも別人のようなプルプルのきれいなお肌になったのです。

私がお教えしたのは、正しいクレンジングの方法とローションパック、そして化粧水、美容液、クリームをつける前にそれぞれ3分間隔をおくという、「3分間ルール」だけ。おふたりはとても素直に私の話を聞き、まったく疑《うたが》いをもたずに1週間、必死になってお手入れに励《はげ》んでくださったのです。

このとき、私は改めて美容の世界で過ごしてきた35年間を振り返り、「素直な人ほどきれいになる」ことを確信したのです。

本書では化粧品の紹介は一切していませんし、特別なテクニックについても書いていません。ただシンプルに、肌の愛し方や育て方という「気持ちのもち方」を綴《つづ》ったまでです。

でも、私は気持ちに勝《まさ》る美顔法はないと思っています。「何をやっても肌がきれいにならない」というあなた。化粧品を買いに走る前にまず、気持ちを切り替えてみてください。必ず、あなたの「心」が肌を変えてくれます。

これまで全国でお目にかかった読者のみなさん、これからもご自分の肌を愛してください。そして、まだ直接お会いできない多くの女性のみなさん、どうぞ私の提案を参考にされて、前向きな心と美しい肌を手に入れてください。

最後になりましたが、いつも私の出版活動に助言をいただいている、講談社生活文化局の丸木明博局長と編集の上岡康子さんにお礼を申し上げます。

平成16年9月

佐伯チズ

## 春夏肌

春と夏に「オイル系」の肌トラブルを抱える人の間違ったケア

①脂《あぶら》っぽいTゾーンのケアにとらわれすぎる。
②「取る」ことばかりで、「補《おぎな》う」ことをしない。
③メイクに入る前のスキンケアを簡単に済ませている。
④秋冬になっても、春夏と同じようなケアをしている。
⑤クリームを塗るのを嫌《きら》い、すぐ化粧水に走る。
⑥ファンデーションは年間を通してパウダリー。
⑦毎日ダブル洗顔をしている。

## 秋冬肌

### 秋と冬に「乾燥系」の肌トラブルを抱える人の間違ったケア

①水分よりもまず「油分」を補おうとする。
②乾燥が気になりだしてから、保湿ケアを始める。
③秋冬になると角質ケアをしなくなる。
④暖かい季節には、保湿ケアをしない。
⑤表皮《ひょうひ》のお手入れにこだわりがち。
⑥目元用のアイクリームを使っていない。
⑦夏になると「サッパリ系」のケアに走る。

## ◆春夏肌◆　春の朝

**「取る」ことばかりにとらわれず、顔全体のバランスを整えましょう。**

①洗顔　ゼリー・タイプ
②化粧水　ホワイトニング・ローション
③美容液　ビタミンC入りの美容液
④乳液／クリーム　UVカット入りの乳液
⑤下地　④で代用
⑥ファンデーション　パウダリーかマット系のリキッド

ケアのポイント

春は春夏肌の人にとってトラブルが出やすいやっかいな季節のはじまり。どうしても「つける」ことより「取る」ことに集中しがち。Tゾーンのベタつきにこだわり過ぎないこと。それよりもTゾーン以外の頰《ほお》などにたっぷり水分を与えて保湿を心がけると、全体のバランスがとれて脂浮きが収まります。なお、ビタミンC入り美容液は美白効果だけではなく、毛穴引き締め効果もあります。

## ◆春夏肌◆　春の夜

**肌トラブルのピークを迎える前にしっかり準備で対処。**

①クレンジング　ミルク・タイプ
②化粧水　ホワイトニング・ローション
③美容液　ビタミンA入りの乳液タイプ
④乳液／クリーム　③で代用

**ケアのポイント**

ポイント・メイク・リムーバーを使って、きちんと目元、口元のメイクを落としましょう。アイシャドウやマスカラなどがきれいに取れないから、繰り返し洗顔することになってしまうのです。通常、クレンジングのあとはぬるま湯ですすぎ洗顔するだけで十分ですが、どうしてもさっぱり感がほしければ、ゼリー・タイプの洗顔料で円を描くようにやさしく洗ってもよいでしょう。

## ◆春夏肌◆　夏の朝

### ファンデーションを毛穴にプチッ、プチッと入れ込めば化粧くずれなし！

①洗顔　ホワイトニング洗顔
②化粧水　ホワイトニング・ローション
③美容液　ビタミンC入りの美容液
④乳液／クリーム　UVカット入りの乳液
⑤下地　④で代用
⑥ファンデーション　パウダリーかマット系のリキッド

ケアのポイント

脂浮きが気になる季節。角質も分厚くなりがちなので、朝の洗顔に美白効果のあるホワイトニング・パウダー洗顔料を取り入れましょう。そして朝、ローションパックをすれば、肌表面のキメが整うので化粧くずれしにくくなります。美容液、乳液、ファンデーションもしっかりと毛穴に入れ込み肌になじませて。メイクアップには極力ウォータープルーフ・タイプの化粧品を選びましょう。

## ◆春夏肌◆　夏の夜

**夜のケアできっちり角質ケアをすれば、日中の肌が変わります。**

①クレンジング　ゼリー・タイプ
②化粧水　ホワイトニング・ローション
③美容液　ビタミンC入りの美容液
④乳液／クリーム　ホワイトニング乳液

**ケアのポイント**

夜のケアは入念なクレンジングのあと、ぬるま湯ですすぐだけが基本ですが、週に1回あるいは2回、スクラブ剤を使った洗顔と美白パックをして角質ケアをしましょう。古い角質が肌表面についたままになると美容液が肌の奥まで浸透せず、日中の脂浮きや化粧くずれのもとになります。夜のケアでしっかり調整しましょう。ただし、くれぐれも肌をこすり過ぎて傷つけないように。

## ◆春夏肌◆　秋の朝

季節の変わり目。お肌も化粧品も衣替えをしましょう。

①洗顔　ゼリー・タイプ
②化粧水　ホワイトニング・ローション
③美容液　ビタミンC入りの美容液
④乳液／クリーム　ホワイトニング乳液かクリーム
⑤下地　フルイド・タイプ
⑥ファンデーション　ツヤありかマット系のリキッド

**ケアのポイント**

春夏肌の人のトラブル・シーズンもようやく終焉《しゅうえん》を迎えつつある秋。この季節はまず、クレンジングや洗顔などの「取る」ケアのものから徐々に衣替えを。それから春や夏は美容液のあとに乳液でフタをしていましたが、とくに、Tゾーン以外の部分は乾燥するという方はクリームに切り替えましょう。ファンデーションもパウダリーからリキッド＋白粉《おしろい》に替えて、保湿を心がけましょう。

## ◆春夏肌◆　秋の夜

**トラブル・シーズンも終わり、来季に向けて保湿ケアの態勢を。**

①クレンジング　ムース・タイプ
②化粧水　引き締めローション
③美容液　保湿系の美容液
④乳液／クリーム　保湿系の乳液

**ケアのポイント**

オイル系のトラブルに悩む春夏肌の人ですが、秋の夜のケアからは保湿用の美容液・乳液を使ってTゾーン以外の部分をうるおすようにしましょう。また、涼しい季節に入ったからといって角質ケアを怠《おこた》ってはいけません。スクラブ洗顔と美白パックを引き続き週1回のペースで続けて、肌表面のキメを整える努力をしましょう。習慣づけることで、肌になめらかさが戻ります。

## ◆春夏肌◆ 冬の朝

**毛穴の引き締めと同時に、Tゾーン以外の部分の保湿を心がけて。**

①洗顔　ムース・タイプ
②化粧水　引き締めローション
③美容液　保湿系の美容液
④乳液／クリーム　保湿系の乳液
⑤下地　UVカット入りの乳液タイプ
⑥ファンデーション　ツヤありのリキッド

ケアのポイント

トラブル・シーズンが終わったとはいえ、毛穴の開いている人は、冬でも朝は引き締めローションを使って、肌表面のキメを整えるように心がけましょう。そうするとメイクのもちが違います。また、Tゾーン以外の部分は乾燥がはじまりますから、朝から保湿系の美容液と乳液を使います。日中、外出で冷たい風にあたったりスキーに行く日などは、保湿ケア同様、UV対策も忘れずに。

## ◆春夏肌◆　冬の夜

**朝晩の保湿ケアで「肌貯金」をガッチリと確保しましょう。**

①クレンジング　クリーム・タイプ
②化粧水　保湿系のローション
③美容液　保湿系の美容液
④乳液／クリーム　保湿系のクリーム

**ケアのポイント**

肌トラブルに対処するには、ひとシーズン前から準備を始めるのが鉄則。ですから、春夏肌の人は冬にきっちりと「肌貯金」。水分をたっぷりと溜《た》め込んで、トラブルの季節に負けない肌をつくりましょう。クレンジング剤の種類ですが、20代ならフルイドまたはミルク・タイプ、30歳以降は「しっとり感」が残るクリーム・タイプがおすすめ。全体的に保湿を意識したケアにしましょう。

## ◆秋冬肌◆　春の朝

**夏前に乾燥と紫外線からお肌を守るケアを心がけましょう。**

①洗顔　ムース・タイプ
②化粧水　保湿系のローション
③美容液　保湿系の美容液
④乳液／クリーム　保湿系の乳液
⑤下地　UVカット入りの乳液タイプ
⑥ファンデーション　ツヤありのリキッド

ケアのポイント

乾燥とザラつきに悩まされたトラブル・シーズンが終わり、次は日差しが気になる季節。耳の下や頬に残ったザラつきに紫外線が当たると、そこからシミが発生しやすくなります。夏になる前から十分な紫外線対策を始めましょう。皮膚が比較的薄い秋冬肌の人は目のまわりにシワができやすいので、年間を通じてアイクリームを塗って、こまめにケアするようにしましょう。

## ◆秋冬肌◆ 春の夜

**トラブル・シーズンが終わっても「常に保湿」を忘れずに。**

①クレンジング　エマルジョン・タイプ
②化粧水　保湿系のローション
③美容液　保湿系の美容液
④乳液／クリーム　保湿系の乳液かクリーム

**ケアのポイント**

トラブルを抱《かか》えた寒い季節が終わったからといって、すぐにサッパリ系のお手入れに替えてしまうと、秋になってから、うるおい感がなく、中が空洞の「スカスカ肌」になってしまいます。秋冬肌の人は年間を通じて常に、「お手入れは保湿」と心がけましょう。クレンジング剤は、秋冬の期間に使うクリーム・タイプよりもやや液体に近いエマルジョン・タイプに替えてもよいでしょう。

## ◆秋冬肌◆ 夏の朝

**トラブルの季節が始まる前に準備を整えましょう。**

①洗顔　ゼリー・タイプ
②化粧水　保湿系ホワイトニング・ローション
③美容液　ビタミンC入り保湿系の美容液
④乳液／クリーム　保湿系の乳液かホワイトニング・クリーム
⑤下地　UVカット入りの乳液タイプ
⑥ファンデーション　ツヤありかマット系のリキッド

ケアのポイント

「夏こそ保湿」の精神で、次に来る秋と冬の乾燥シーズンに備え、うるおいをしっかり蓄《たくわ》えましょう。クリームのベタつきが気になるという方は、乳液を2度づけするという方法でもよいでしょう。自分なりにひと工夫してみてください。また、汗ばむ季節でもありますので、皮膚が薄く顔が赤くなりやすい人は、肌に刺激の少ない鎮静《ちんせい》効果のある化粧品を使うのがおすすめです。

## ◆秋冬肌◆ 夏の夜

**保湿中心のケアに少し変化をつけると、肌が喜びます。**

①クレンジング　エマルジョン・タイプ
②化粧水　保湿系のローション
③美容液　保湿系の美容液
④乳液／クリーム　保湿系の乳液かクリーム

ケアのポイント

春の夜に使っていたものと同じ化粧品で構いません。でも、毎日同じものを食べていると飽きてしまうのと同様に、肌も同じ化粧品を使い続けると、怠けて反応しにくくなるということがあります。ですから、3日に1度くらい美白系の美容液をプラスしてみたりして、少し変化をつけてもよいでしょう。数種類の美容液を併用《へいよう》する場合、使う順番は「垂れるものから」と覚えましょう。

## ◆秋冬肌◆　秋の朝

**乾燥の季節は水分補給と保湿で小ジワとたるみ対策を。**

①洗顔　フォーム・タイプ
②化粧水　保湿系のローション
③美容液　小ジワ対策用の美容液
④乳液／クリーム　小ジワ対策用の乳液かクリーム
⑤下地　保湿系のクリーム・タイプ
⑥ファンデーション　ツヤありのリキッドかクリーム

ケアのポイント

秋冬肌の人がトラブルを抱える乾燥の季節の到来です。朝からしっかり保湿ケアをしましょう。そして、小ジワやたるみなどの対策も忘れずに。乾燥した肌にいきなり油分を補うというケアは、枯《か》れた花に油粕《あぶらかす》を与えているのと同じくらいムダなこと。まずは水分補給でたっぷりとうるおいを与えて、肌に道筋をつくってから栄養分や油分を入れ込んでいきましょう。

## ◆秋冬肌◆　秋の夜

**週1回のマッサージでたるみを防ぎ、ツヤとハリのある肌を。**

①クレンジング　　クリーム・タイプ
②化粧水　　保湿系のローション
③美容液　　保湿系の美容液
④乳液／クリーム　　小ジワ・乾燥とリフティング系のクリーム

**ケアのポイント**

この季節、「癒《いや》しの夜」のお手入れは、冬に向けての準備をはじめます。秋の朝は乳液で済ませている人も、夜は必ずクリームを塗り、化粧水と美容液で取り入れた保湿成分をきっちりと閉じ込めます。また、肌が乾燥すると肌の奥にある繊維《せんい》がもろくなるため、肌がたるみがちに。この時期はリフティングと血行促進を兼ねて、マッサージクリームを使った週1回のマッサージを習慣に。

## ◆秋冬肌◆　冬の朝

**表面と深部の両方から、冷たい風に負けない肌づくりをしましょう。**

①洗顔　ムース・タイプ
②化粧水　保湿系のローション
③美容液　リフティング系の美容液
④乳液／クリーム　保湿系のクリーム
⑤下地　鎮静効果のあるクリーム・タイプ
⑥ファンデーション　保湿系クリーム

ケアのポイント

乾燥がピークに達する冬は、朝のお手入れからしっかりと「深部ケア」を。コラーゲンやエラスチン入りの化粧品がおすすめです。また、秋冬肌の人は肌が薄いため、冷たい風にあたるとすぐに赤くなりやすいので、とくに日中、屋外で過ごす時間が長いという人は、鎮静効果のある下地クリームを塗ってからファンデーションをつけましょう。肌を保護するということを心がけてください。

## ◆秋冬肌◆ 冬の夜

**表面と深部の両方をうるおわせて乾燥をシャットアウトします。**

①クレンジング　クリーム・タイプ
②化粧水　保湿系のローション
③美容液　リフティング系の美容液
④乳液／クリーム　高密度の保湿クリーム

ケアのポイント

肌の弾力やハリのために、コラーゲンやエラスチン入りのリフティング系美容液を使って肌の深部に働きかけ、クリームでフタをします。肌の中にうるおいを取り込んで逃がさないようにしましょう。また、冬になると角質ケアを怠りがちですが、古い角質が肌表面を覆《おお》っていると美容液が中に浸透しません。ぜひ「冬こそ角質ケア」で10日に1度くらいの割合でスクラブ洗顔を。

本作品は当文庫のための書き下ろしです。

佐伯チズ―1943年生まれ。OLを経て美容学校、美容室勤務ののち、1967年、仏化粧品メーカー、ゲラン入社。その後、渡米などを経て1988年、パルファン・クリスチャン・ディオールのインターナショナル・トレーニング・マネージャーに就任。全国の美容部員の技術・接客指導の総責任者となる。また年間2000人以上の女性の肌に触れ、トラブル解消に努めてきた。2003年6月、クリスチャン・ディオールを定年退職後、「A.S144（アトリエ・サエキ）」を主宰し、エステティック・サロン「サロン・ドール・マ・ボーテ」を開業。現在、テレビ、新聞、雑誌など、各メディアからもっとも注目されている美容アドバイザーである。著書には『佐伯チズの頼るな化粧品！』『佐伯チズのスキンケア・メイク入門』『DVD版　佐伯チズの「手のひら」スキンケア・メイク』『美肌革命』『美肌食』（以上、講談社）がある。

講談社+α文庫 佐伯《さえき》チズ メソッド　肌《はだ》の愛《あい》し方《かた》　育《そだ》て方《かた》
――今までだれも言わなかったスキンケアの新提案50

佐伯《さえき》チズ


2004年9月20日第1刷発行
2005年6月7日第11刷発行

発行者――――野間佐和子
発行所――――株式会社 講談社
東京都文京区音羽2-12-21 〒112-8001
電話 出版部(03)5395-3530
販売部(03)5395-5817
業務部(03)5395-3615

装画――――藤原千晶
デザイン――――鈴木成一デザイン室
カバー印刷――――凸版印刷株式会社
印刷――――慶昌堂印刷株式会社
製本――――株式会社国宝社

落丁本・乱丁本は購入書店名を明記のうえ、小社業務部あてにお送りください。
送料は小社負担にてお取り替えします。
なお、この本の内容についてのお問い合わせは
生活文化第三出版部あてにお願いいたします。
Printed in Japan ISBN4-06-256881-0
定価はカバーに表示してあります。

## 講談社+α文庫 ©生活情報

| | | | | |
|---|---|---|---|---|
| ＊もっと「きれい」への医学 | 海原純子 | 人気美容ドクターが、忙しさやストレスに負けない「きれい」をつくるテクニックを紹介 | 640円 | C 55-2 |
| ＊「しあわせ」への医学 | 海原純子 | しあわせへの第一歩は、「ありのままの自分」を素直に表現することから始まるとアドバイス | 640円 | C 55-3 |
| 心が「きれい」になる医学 元気が出るマインド・ダイエット | 海原純子 | 毎日を空しく過ごして落ちこむ貴女《あなた》へ贈る！ 自分を取り戻し心が晴れやかになる処方箋！ | 640円 | C 55-4 |
| メイクの輪郭 | 藤原美智子 | 「自分らしさ」を引き出し、磨き、育てて、誰もが「きれい」になるノウハウを公開！ | 600円 | C 56-1 |
| 藤原美智子のパーフェクトメイクブック | 藤原美智子 | TPOに合わせて、自分らしい「きれい」を引き出すメイクテクニックを徹底的に紹介！ | 640円 | C 56-2 |
| メイクの神髄 | 藤原美智子 | 年代を超えた自分だけの「きれい」を作る、日常生活で実践する藤原式「永遠メイク」！ | 640円 | C 56-3 |
| 山下マヌーのお値打ちハワイ ハイパー版 | 山下マヌー | 賢く、安く、お得に。あなたのハワイ旅行を必ずワンランクアップさせる「新常識」決定版！ | 640円 | C 57-1 |
| ＊週末たちまちダイエット 脂肪を4キロメラメラ燃やす | ナターシャ・スタルヒン | 三日あればやせられる!! 安全で確実にやせるNS式週末限定ダイエットのプランを紹介 | 780円 | C 58-1 |
| ＊セルライトがすっきり 美脚痩《そう》身《しん》術《じゅつ》 | ナターシャ・スタルヒン | なぜ、下半身ばかり太くなる？ デコボコ脂肪「セルライト」の正体と最新撃退法を解説 | 680円 | C 58-2 |
| ＊フルーツで野菜で！ 生ジュースダイエット | ナターシャ・スタルヒン | 1日1杯できれいにやせる。酵素が髪・爪・肌をケアしトラブル解消、体の中からピカピカに | 838円 | C 58-3 |

＊印は書き下ろし・オリジナル作品

表示価格はすべて本体価格（税別）です。本体価格は変更することがあります

# 講談社+α文庫 ©生活情報

医者のぼくが「医療常識」を信じない理由《わけ》
永井明
どこかおかしい最近の病院。現代医学・医療の抱える問題点を指摘し、その解決策を問う
640円 C 59-1

*マンガ やさしい手作りお菓子の本
宗野博美 著
奥田浩美 絵
チョコ、クッキーから和菓子まで、基本のお菓子がコンパクトに! 包み方のチエも一杯!
580円 C 60-1

*超ラクラク「1分間BMストレッチ」ダイエット
饗庭秀直
「スパスパ人間学!」で大好評。エクササイズで楽しく、「キレイ」と「やせる」の一挙両得!!
680円 C 61-1

*これを食べよう、うまいぞ安全!!
平澤正夫
ほんもの食品と偽装食品の見分け方!! 美味しいものにこだわれば最後コレに辿りつく!!
880円 C 62-1

キッチンに一冊 食べものくすり箱
阿部絢子
キッチンの身近な食材には驚くほどの薬効が。健康、ダイエット、美肌は毎日の食事から!!
880円 C 63-1

*マンガ 近藤典子のステップ収納術 これが基本だ!
近藤典子 監修
青木庸 マンガ
溜めこみ、散らかし、詰めこみ、凝りすぎと性格別に収納法を伝授。驚きのアイディア!!
580円 C 64-1

美しくなる食卓
中村丁次
おいしく食べれば、キレイと元気がついてくる。トップモデルも学んだ賢く食べるコツ!
640円 C 65-1

*失敗ゼロ! おいしい! 電子レンジ!
伊藤玲子
鍋やフライパンより簡単なのにおいしくできる。誰もが作れて大成功のイラスト・レシピ!
680円 C 66-1

*キレイを究《きわ》める! エステ20 顔から足まで
芝尾美都子
「キレイになりたい!」誰もが願う美人への道。心身がリフレッシュする実践ガイドブック
680円 C 67-1

藤原式「株のネット取引」がわかる基礎の基礎講座
藤原慶太+マネー経済プロジェクトチーム
インターネット時代の勝つ投資法とは? 「ネット取引のカリスマ」藤原慶太が実践指南!!
880円 C 68-1

*印は書き下ろし・オリジナル作品

表示価格はすべて本体価格(税別)です。本体価格は変更することがあります

MW01277879

# 美肌食

佐伯チズ

**おいしく食べてきれいになる!**
**食事で肌は変わります!**

たとえ、10万円のクリームをつけても、毎日の食事が「いい加減」では、絶対きれいになれない。
カンタンにできる「美肌メニュー」を初公開！

定価：1260円　講談社

定価は税込みです。定価は変わることがあります。